Lluís Aguiló
PARÁLISIS POR AGITACIÓN

CAPITALISMO, CATATONIA
Y PRESENTE SECUESTRADO

Primera edición: marzo, 2026

Preimpresión: Moelmo SCP
www.moelmo.com

ISBN: 979-13-87967-05-5
Depósito legal: B 1790-2026

Impreso en Podiprint
Printed in Spain

Ned Ediciones
www.nedediciones.com

ÍNDICE

A Marina, Adrià y a mi padre, porque nunca se piensa solo en una habitación calentada por una estufa.

1. Parálisis agitante

La catatonia es «ese afecto es demasiado fuerte para mí», y la fulguración, «la fuerza de este afecto me arrastra».

Deleuze y Guattari, *Mil mesetas*

La impotencia contemporánea comparte con los estados hipnóticos la catatonia, por supuesto; pero, sobre todo, el sentimiento de plenitud desbordante que es causa y soporte de la catatonia.

Paolo Virno, *Sobre la impotencia*

No vivimos encerrados en ningún presente perpetuo, sino en un tiempo contraído entre los pendientes y los posibles.

Amador Fernández-Savater, *Capitalismo libidinal*

En el año 1926, Rose R. sueña que está encerrada en un castillo inaccesible que tiene la forma de su propio cuerpo. Sueña con hechizos y que el mundo se ha detenido, sueña con una muerte que es diferente a la muerte, sueña que se convierte en una estatua de piedra que vive y siente. Sin duda, se podría concluir que se trata de un sueño premonitorio: la joven Rose de veintiún años ve lo que vendrá. Y, sin embargo, si seguimos a Freud, no podemos aceptar que los sueños sean ni simples producciones de estímulos externos ni, tampoco, premoniciones.[1] La avalancha de sueños de Rose no es fruto de un conjunto de estimulaciones sensoriales, ni una premonición, sino que es el comienzo de la enfermedad. Si nos mantenemos en el ámbito freudiano, el sueño de Rose es un «sueño de angustia», un sueño que, tal vez, nacía a raíz de una intuición diurna —el hormigueo en una mano que anticipaba la enfermedad—, pero que se veía reforzado con un deseo inconsciente: es mejor enfermar que pensar en enfermar. Rose prefería acabar con la duda y enfermar realmente para, de este modo, reducir todas las tensiones que genera la mera posibilidad de morir. Cierta pulsión de muerte. Así, el sueño trata la angustia del devenir de su propio cuerpo, un cuerpo que, poco después, permanecerá inmóvil como los cimientos de un castillo milenario. Y, a pesar de todo, lo más relevante no es la naturaleza angustiante del sueño, sino la imagen que presenta de la enfermedad de Rose.

Su *castillo-cuerpo* no es el castillo del *Drácula* de Bram Stoker, donde el joven abogado será acogido calurosamente por un grupo de vampiros, hasta quedar atrapado entre las zarpas del famoso conde. Tampoco es el castillo de vampiros de Mark Fisher, que busca acoger y apropiarse de todo aquello que hay fuera para someterlo al inmovilismo actual —individualizar las personas,

---

1. Sigmund Freud, *La interpretación de los sueños* (vol. 1), Amorrortu Editores, Buenos Aires, 2019.

crear dificultades barrocas para la práctica, etcétera—.[2] El castillo de Rose no es ni un lugar acogedor que, en realidad, contiene el mal, ni el laberinto donde se desarticulan los argumentos de clase en la sociedad contemporánea. Más bien, es el *cuerpo paralizado*. El castillo es su cuerpo —¡cada cual vive en su castillo!— actualizando aquella antigua doctrina del cuerpo como prisión del alma. A diferencia del *soma-sema* utilizado por Platón para justificar la teoría de las almas en el *Fedro*, el castillo-cuerpo de Rose no es una carencia de visión del mundo inteligible.[3] No se trata de que Rose se vea abocada a la vida terrenal y sea incapaz de salir de la caverna, sino que es como una matrioska: una prisión dentro de la prisión. De hecho, el castillo-cuerpo de los sueños de Rose es un lugar cerrado —sin puertas ni ventanas, como le gustaba decir a Leibniz— donde la carne y los huesos se han convertido en piedras y, por tanto, ha quedado inmovilizado.

En 1935, Rose ingresa en el hospital Monte Carmelo de Nueva York donde, durante los años posteriores al ingreso, se forma el grupo de pacientes afectados por encefalitis letárgica que, como estatuas de piedra, irán llenando los pasillos y las salas de aquel asilo. En 1966, una enfermera explicaba a Oliver Sacks que, a pesar de que Rose hacía treinta años que estaba allí, prácticamente no había envejecido. Desde su silla de ruedas, la bella durmiente parecía observar el mundo, como si estuviera a punto de decir algo o de recordar cualquier cosa. La carne se había vuelto pétrea y, mientras se mantenía rígida e inmóvil, parecía que tuvie-

---

2. Mark Fisher, «Salir del castillo de vampiros», en *K-Punk - Volumen 3. Escritos reunidos e inéditos (reflexiones, «Comunismo ácido» y entrevistas)*, Caja Negra, Buenos Aires, 2021, págs. 109-111.

3. Platón, «Fedro», en *Diálogos III*, Gredos, Madrid, 1988.

ra poco más de treinta años cuando, en realidad, ya había supera-
do los sesenta. Sin entrar a valorar ningún tipo de tratamiento
contra el envejecimiento, Rose vivía en su castillo de carne y huesos y su postura conservaba el cuerpo más allá del evidente paso
del tiempo. Afectada por una acinesia —falta de movimiento o incapacidad para realizar movimientos voluntarios—, Rose había
señalado con su sueño, no una simple premonición, sino la imagen que permitía a Sacks adentrarse entre aquel mar de cuerpos
catatónicos: los pacientes del Monte Carmelo eran castillos, cuerpos que se habían convertido en estatuas.

En los primeros momentos, la encefalitis letárgica que afec-
taba a Rose se presentaba como insomnio o como somnolen-
cia, como un movimiento sincopado o parálisis, es decir, siempre
mediante grandes oposiciones que, poco más o menos, acababan
produciendo un estado catatónico. Y de este modo, una avalancha de nomenclatura médica servía para explicar la vida de aquellos pacientes: la catalepsia, la abulia, la pérdida de las facultades
motrices voluntarias, la estereotipia verbal o el mutismo eran solo
algunos de los síntomas que los conducían a permanecer encerrados en su propio castillo. A pesar de que muchos de los que con-
trajeron la enfermedad murieron poco después, los casos que
presentaba Sacks en su libro *Despertares* eran los casos de los su-
pervivientes y, por lo tanto, de los olvidados.[4] Todos los pacientes de Sacks llevaban años con parkinsonismo, parecido a un sín-
drome catatónico: rígidos y sin aparente sensibilidad, algunos
podían susurrar, otros no, algunos movían los ojos, otros fijaban
la mirada al infinito y todos parecían muertos en vida.

---

4. Oliver Sacks, *Despertares*, Anagrama, Barcelona, 2021.

Cuando, durante el verano de 1969, Oliver Sacks empezó a aplicar a los pacientes un tratamiento experimental, a partir del fármaco L-DOPA, todas las estatuas fueron recuperando la movilidad. Leonard fue el primero en despertar y explicaba que el hospital era un zoo humano, pero no porque fuera una gran jaula donde estaban todos encerrados, sino porque cada uno de ellos era un zoo humano en sí mismo y, como la pantera de Rilke, se veían encerrados en ellos mismos. Leonard disentía de Leibniz porque consideraba su cuerpo como una prisión sin puertas, pero con ventanas, a través de las cuales «podía leer el mundo».[5] Aquel verano donde la L-DOPA corría por el hospital Monte Carmelo, las historias de los pacientes, inmóviles desde los años veinte, volvían a tener interés. Mientras los pacientes recuperaban la movilidad, Oliver Sacks se apresuraba a grabar todos aquellos cambios que, a los ojos del personal médico, se daban de manera sorprendente. Después de cuarenta años de parálisis agitante, pareció que todos aquellos cuerpos podrían volver al presente y vivir el paso del tiempo. Pero, como se relata en las historias clínicas, el tratamiento fue un espejismo, puesto que muchos volvieron de manera inexplicable a su estado de reposo o empezaron a delirar —como Leonard, que se autoproclamaba el mesías, el predicador del «Evangelio de la Vida según la L-DOPA».[6]

El castillo de Rose, como el de Leonard L., Miriam H., Lucy K. o Maria G., era su propio cuerpo; cuerpos que, sin mucha dilación, pasaron de los espasmos, el bruxismo, los automatismos y las afasias a las posturas antigravitatorias de la catatonia, en las

5. Sacks, *op. cit.*, págs. 271-272.
6. Sacks, *op. cit.*, pág. 275.

cuales, unos y otros, vivirán durante cuarenta años. El *castillo-cuerpo* o la estatua son la imagen de un cuerpo catatónico, es decir, sometido a una *parálisis agitante*. En consecuencia, la parálisis de Rose es fruto de una velocidad de los *afectos* que acabará produciendo una tensión pétrea en el cuerpo.[7] Todo ello es demasiado fuerte para que pueda sostenerlo. En este esquema afectivo de la enfermedad, el movimiento de la catatonia es un conjunto de movimientos repetitivos e involuntarios —a máxima velocidad— que producen un estado de parálisis permanente. A la velocidad de los afectos y la tensión muscular, se añade la imposibilidad de vivir el paso del tiempo. Sin poder poner un pie tras otro, para el catatónico cada día es el mismo y, por ende, el presente ha quedado secuestrado.

En los últimos años se ha ido repitiendo la célebre frase de Jameson, retomada por Žižek y, finalmente, por Fisher: es más fácil imaginar el fin del mundo que el fin del capitalismo.[8] Si la frase se ha repetido tanto, no ha sido por moda o por no tener nada más que decir, sino porque, de manera sintética, resume el sentido de nuestra época. En este punto, querría aplicar la misma torsión que aplicó Sacks al tratamiento de sus pacientes: en vez de preguntarnos por qué no podemos imaginar otra cosa, tomar consciencia de que *no paramos de imaginar lo mismo*. Esta inversión, con la cual, seguramente, Fisher estaría de acuerdo, nos permite comprender que, al fin y al cabo, lo más asfixiante de lo que

7. Utilizamos el concepto *afecto* según la *Ética* de Spinoza. En este sentido, entendemos el afecto como una pasión que se sufre y modifica nuestra capacidad de actuar y de pensar.

8. La frase se puede encontrar en: Mark Fisher, *Realismo capitalista. ¿No hay alternativa?*, Caja Negra, Buenos Aires, 2018.

Fisher denominaba «realismo capitalista» no es la parálisis imaginativa en sí misma, como si de manera natural la potencia imaginativa del ser humano se hubiera agotado. Más bien lo contrario, la potencia imaginativa produce, de la mano de la industria cultural, más que nunca, y el problema radica en el hecho de que produce siempre lo mismo. A menudo se ha entendido la frase de Jameson y Žižek como si lo que se nos dijera fuera: ¡deja de hacer *scroll* e imagina intensamente! Esta interpretación contiene una visión, simplemente, represiva del problema, como si la cuestión fuera que, en última instancia, alguien nos dijera que no tenemos que imaginar el fin del capitalismo. En esta visión represiva, se entiende que lo que nos pasa es fruto de no movernos lo suficiente, de no imaginar «intensamente» el fin del capitalismo. Desde este punto de vista, parecería, pues, que tenemos que activar nuestra bendita voluntad que todo lo puede para poder salir de este callejón. Pero la cuestión es que hay que apuntar en la dirección opuesta: el problema radica en conocer la constante reproducción de lo mismo que encarna la naturalización del capitalismo. La pregunta es, pues: si lo inimaginable es el fin del capitalismo, ¿qué es lo imaginable? Si la potencia imaginativa produce más que nunca, lo que no para de producir es la constatación de un fin del mundo. Y, está claro, el fin del mundo está íntimamente ligado no al fin del planeta, sino, como señalan Viveiros de Castro y Danowski, al fin de una humanidad concreta o, en nuestro caso, al fin de la humanidad del capitalismo.[9]

Imaginamos que los mejores de entre nosotros abandonan la tierra en una nave de Elon Musk. Al final, imaginamos un colap-

9. Déborah Danowski y Eduardo Viveiros de Castro, *¿Hay un mundo por venir? Ensayo sobre los medios y los fines*, Caja Negra, Buenos Aires, 2019.

so lleno de violencia que nos conduce hacia una guerra hobbesiana de todos contra todos. Imaginamos un padre y un hijo que atraviesan un mundo desertificado como en *La carretera* de Cormac McCarthy. Imaginamos un mundo sin otro o, lo que sería lo mismo, un mundo de zombis donde no nos queda nada que hacer. En el mejor de los casos, imaginamos el apocalipsis cínico que propone Adam McKay en la película *Don't look up*. Este proceso de producción de lo mismo se mueve en paralelo a la naturalización del capitalismo que abre la puerta a un límite en la imaginación: «Imagine todos los finales, a condición de que acepte un inimaginable: el fin del capitalismo». La imaginación apocalíptica se presenta como un subterfugio. Como el sueño de angustia de Rose, soñamos con un «capitalismo después de nosotros» o, si se prefiere, constatamos que ya estamos en el final del mundo. Preferimos, como Rose, enfermar finalmente.

Es en este punto donde queremos aplicar *la torsión Sacks* al problema sobre lo inimaginable; igual que le sucedía al cuerpo de Rose, la agitación produce un afecto demasiado intenso para el cuerpo, que, al final, acaba petrificado. Como sucedía en el sueño de angustia de Rose, la velocidad del afecto parece que solo puede dar lugar al angustioso sueño apocalíptico. El subterfugio de la imaginación es no dejar de soñar el fin del mundo. A pesar de todo, si aplicamos la torsión Sacks, el hecho de que no podamos imaginar el fin del capitalismo no es una parálisis imaginativa en sí misma, sino que, más bien, se trata de una agitación de la imaginación que hace imposible imaginar una alternativa. En este sentido, el inimaginable fin del capitalismo tiene otra cara, la agitación de los cuerpos. En principio, se podría entender que un cuerpo agitado es un cuerpo que se mueve, pero el movimiento de la agitación no es calmado o voluntario, sino inquietante y violento. Solo un cuerpo sacudido como el de Rose puede devenir catatónico y, por lo tanto, es la agitación la que lo ata o, en palabras de Rose, lo petrifica. El movimiento irreflexivo y continuado produce como síntoma el no parar de imaginar el fin del mundo y, al mismo tiempo, hace imposible imaginar una alternativa. Delante de una agitación demasiado intensa, la producción de apocalipsis deviene la forma de exorcizar el malestar del afecto. En este punto, y siguiendo a Sacks, podríamos decir que una determinada agitación ha producido una determinada parálisis y, por lo tanto, no se tiene que entender la agitación y la parálisis como dos elementos contrapuestos —si hay agitación, no hay parálisis o viceversa—, sino como un mismo proceso, donde ambos conceptos son los extremos del proceso: *parálisis por agitación*.

Ahora bien, hay que retomar el realismo capitalista de Fisher y ver cómo el autor pone en solfa que, también, se trata de un problema sobre los cuerpos: «la regulación del trabajo y la educación, y que actúa como una barrera invisible que impide el pensamiento y la acción genuinos».[10] Fisher muestra cómo el problema de la imaginación no se puede analizar solo por un lado —el pensamiento y la idea o el cuerpo y el afecto—, sino que hay que tener en cuenta que se trata de un *paralelismo*: el cuerpo que sufre piensa el sufrimiento. Y es, justamente, en esta «barrera invisible» que nos remite a la organización de los cuerpos, donde queremos centrar el problema. Como ejemplos de la barrera invisible, Fisher aludía a las nuevas regulaciones del trabajo o de la educación. Mientras que lo visible y evidente, todavía hoy en día, es el triunfante realismo del capitalismo, lo invisible se presenta,

---

10. Fisher, *op. cit.*, pág. 41

por otro lado, como el inocuo resto de la situación dada. Ahora bien, en su materialidad, lo invisible se presenta como lo que queda fuera de la escena o, más concretamente, como aquello que la produce. Igual que una fotografía es un juego entre aquello que vemos en la imagen y el recorte invisible que la posibilita, las reformas en el mundo del trabajo o en la educación son lo que posibilitan el incontestable realismo del capitalismo. Aquello que es visto, aquello que tenemos delante, es el capitalismo como mundo posible y, en consecuencia, lo invisible es la obscenidad de este mundo. Centrados —o descentrados— en esta «barrera invisible», podemos darnos cuenta, igual que Sacks, de que aquello que parece una parálisis, en realidad, es un trastorno por exceso de movimiento.

Si abordamos el problema desde este lado, se hace evidente que el realismo capitalista es una especie de *consentimiento pasivo* que no deja de producir pesadillas apocalípticas. A su vez, estas pesadillas nos llevan hacia, como diría Fisher, una *impotencia reflexiva*: reflexionar alrededor del hecho de que no hay nada que hacer. En este punto, al igual que Rose, la agitación sobre el cuerpo produce todos aquellos sueños de angustia que podemos leer y ver en grandes y pequeñas pantallas. Parece, entonces, que un afecto demasiado intenso para poder ser soportado nos conduce hacia la producción de pesadillas y, al mismo tiempo, nos sitúa en la imposibilidad de imaginar una alternativa. La velocidad de los afectos es la barrera invisible que nos conduce a una parálisis donde, por otro lado, queda secuestrada la posibilidad de poner un pie tras otro.

En consecuencia, ya tenemos una primera hipótesis: *la imaginación del fin del mundo es fruto del estado catatónico en el cual nos encontramos.* Pero ¿qué pasa cuando la velocidad adquirida genera parálisis? Que perdemos el presente. Igual que en el caso de Rose, el aparato sensoriomotor se ha detenido ante la velocidad adquirida y, por lo tanto, se ha interrumpido el paso cronológico del tiempo. En su agitación, Rose desconoce el transcurso de los días y, cuando recupera el presente y sale de la agitación paralizante, no ha envejecido y tiene todavía veinte años. Para ella no han pasado los días, solo ha sido una pesadilla que se ha repetido cada día, un presente que se proyectaba constantemente al futuro. Entonces, tenemos que asumir que la imaginación apocalíptica que se propone y repropone en la producción cultural no nos presenta ninguna novedad, sino que, igual que los sueños de Rose, constata que ya vivimos en el fin de nuestro mundo. Sentimos un hormigueo en la mano. Una intuición diurna de que algo no va bien. Y nuestro sueño es que todo acabe y que, finalmente, llegue el fin del mundo. En este sentido, nuestro futuro no es nada más que la infinita reproducción de un presente secuestrado por la agitación. Y si, como señalaba Benjamin, el progreso se presentaba, también, como la infinita reproducción de lo mismo, la pesadilla apocalíptica es la contrapartida de un progreso invertido: si antes nos dirigíamos al cielo, ahora nos dirigimos al infierno. En este sentido, la imaginación apocalíptica es un futuro que es, al mismo tiempo, nuestro más inmediato presente, el futuro en que ha acontecido nuestra pesadilla recurrente. De hecho, tenemos que entender que, en ningún caso, estamos perdidos, sino más bien lo contrario, no dejamos de constatar que este mundo se está acabando y que el capitalismo es algo natural.

Si nos hemos encontrado atrapados entre el capitalismo como única realidad y su escatología apocalíptica, el problema reside en aprender a perderse y, en ningún caso, en encontrarse. En consecuencia, del callejón catatónico no saldremos encontrándonos a nosotros mismos —de hecho, ya nos conocemos demasiado—, sino perdiendo aquello que conocemos de nosotros. Los «ciudadanos de este mundo» saben dónde van, sea hacia un futuro técnico de gestión de recursos o hacia un futuro apocalíptico donde no hay nada que hacer. Y en este callejón es Nietzsche quien nos indica qué hacer con el tiempo: hay que ser *intempestivos*, es decir, pensar sobre nuestro presente para abrirlo a un *tiempo por venir*. Hay que señalar que no se trata de pensar contra nuestro presente, puesto que no haríamos nada más que negar los valores de nuestra época manteniéndonos todavía en el surco que los genera. Más bien, se trata de pensar sobre nuestro presente para mostrar cómo este reproduce lo mismo, es decir, se trata de desnaturalizarlo. Llevar el futuro apocalíptico hacia el presente y afirmar: en realidad, la velocidad es parálisis, en realidad, aquello que la moda denomina novedad no es más que una variación sobre lo mismo. El problema no es: ¿cuándo conseguiremos salir?, ¿cuándo podremos imaginar otra cosa? Más bien, el problema radica en disolver la pareja entre nuestro presente y nuestro futuro, y esto no se hace mediante paladas de voluntad. El tiempo catatónico nos propone una alianza entre un presente agitado y postergado y un futuro que es reproducción de este mismo presente. Se trata de coger el aire suficiente. ¿No era este el sentido de «un poco de imposible o me ahogo»? Pedimos aquello que es imposible para el futuro prefigurado de la parálisis agitante.

El problema se explica a partir de una unión entre un presente que se reproduce a sí mismo y un futuro que se propone como conocido, y en esta particular unión, lo que se agranda es el conocido *there is no alternative*. Entonces, como señala Laura Llevadot, nuestro problema no es el *no future* del punk, sino, tendríamos que decir, el *no present* de la catatonia, es decir, la falta de presente porque estamos «todos trabajando o haciendo trabajar nuestra mirada endeudada en las redes bajo la presión apabullante del *scroll*».[11] Igual que le pasaba a Rose, el problema no es la falta de futuro, sino la falta de presente que se ha producido a partir del colapso del sistema sensoriomotor. De hecho, como señala Amador Fernández-Savater, tenemos que abandonar el vicio teórico de pensar que vivimos en un presente continuo y aceptar, sin más rodeos, que en la época del FOMO *(Fear Of Missing Out)*, nuestro problema es «la incapacidad generalizada para estar aquí y ahora, la erosión de la atención».[12] La parálisis no es el presente continuo del aquí y el ahora, sino la postergación indefinida de no acabar de estar nunca en el lugar y en el tiempo correcto.

Si el futuro es conocido o, tendríamos que decir, reconocido, es en cuanto pesadilla de nuestro no-presente, es decir, la pesadilla de un imposible tiempo-ahora. Conocedores del no-presente imaginamos el fin del mundo para nosotros mientras, por otro lado, el monstruo demiúrgico del capitalismo continúa haciendo de las suyas más allá de la finitud. Ahora bien, igual que Rose, la cuestión pasa por la capacidad de estar aquí y ahora. No se trata de pensar un presente derrumbado que muestra un futuro prefigurado y listo para ser consumido. En síntesis, no es en un presente dado y un futuro esperado o previsto donde nos tenemos que situar, sino en un presente que solo se puede hacer caminando. A pesar de la fulguración del presente en la agitación constan-

---

11. Laura Llevadot, «Cógela y córtala, y ya», en *Mark Fisher: los espectros del tardocapitalismo*, Gedisa, Barcelona, 2023, pág. 16.
12. Amador Fernández-Savater, *Capitalismo libidinal. Antropología neoliberal, políticas del deseo, derechización del malestar*, NED, Barcelona, 2024, pág. 32.

te, parece que nuestra salida pasa por volver a pensar las condiciones de posibilidad de andar. Y sabedores de, como decía Benjamin, el colapso del *flâneur* en el escaparate de las galerías comerciales y, ahora, frente a las pantallas del móvil, es en el gerundio «andando» donde nos queremos situar: se trata de poner un pie tras otro. Y este gesto parece ser el más arduo en nuestro tiempo demasiado asediado por la angustia de la *parálisis agitante*.

En esta clínica de la subjetividad contemporánea, debemos tener en cuenta que, igual que sucedía a los catatónicos de Sacks, nuestro problema trata de un reloj que ha perdido sus horas o, si lo decimos de la mano de Grafton Tanner, de una vida sometida al trabajo:

> En nuestra sociedad postfordista, la demarcación entre vida y trabajo se ha difuminado. La vida *es* trabajo. Se espera de nosotros que trabajemos más horas que un reloj, dedicando nuestro tiempo a vendernos, a mejorar nuestra imagen de marca, a promocionarnos y a ampliar nuestra red de contactos. Y cuanto más tiempo dedicamos de nuestras vidas a dichas actividades, menos real se nos antoja el paso del tiempo. Es como si las horas hubieran perdido su reloj por la simple razón de que siempre vamos a contrarreloj, trabajando en todo momento para satisfacer las exigencias de un tiempo que no conoce descanso. Las horas se han vuelto elásticas, los segundos se expanden y contraen... ¿Qué día es hoy? ¿Cuánto tiempo llevo aquí? [13]

13. Grafton Tanner, *Las horas han perdido su reloj. Las políticas de la nostalgia*, Alpha Decay, Barcelona, 2022, pág. 24.

2. 7 DE JULIO DE 1962

Empecé a llegar tarde cada mañana. En cierto momento, les empieza a tocar los huevos y me amenazan con despedirme. Yo continúo llegando tarde y ellos me despiden.

Nanni Balestrini, *Vogliamo tutto*

No hay lugar para el temor o la esperanza, solo cabe buscar nuevas armas.

Gilles Deleuze, *Post-scriptum sobre las sociedades de control*

El 7 de julio de 1962, en la plaza Statuto de Turín, los obreros de la Fiat rodean la sede del sindicato UIL (*Unione Italiana del Lavoro*). El motivo que los espolea es la traición de la huelga: los mismos sindicatos que la habían convocado habían acabado pactando con la empresa. Ante la sorpresa de muchos, grupos de trabajadores no se dieron por satisfechos y empezaron tres días de batalla contra la policía. En el momento de los disturbios, el PCI (*Partito Comunista Italiano*) y la CGIL (*Confederazione Generale Italiana del Lavoro*) decían que, de hecho, no se trataba de obreros y que, de estos jóvenes con cabellos largos, no sabían nada.

Eran «elementos incontrolados y exasperados», «grupos de irresponsables», individuos que no esperaban el *sole dell'avvenire*, que no tenían esperanza o que, en todo caso, la habían perdido. Estaban airados, enfadados o, incluso, se podría afirmar que su pasión era la rabia. En uno de sus libros sobre el operaísmo italiano, Gigi Roggero afirma que el PCI tenía razón: no eran obreros —al menos *obreros profesionales*— y, justamente, es por este motivo por lo que eran interesantes.[1] Eran otra cosa: trabajaban en fábricas, eran pobres, pero ya no respondían a aquellos valores que inculcaba el Partido Comunista Italiano. Para los teóricos y militantes del grupo *Potere Operaio*, plaza Statuto se convirtió en el acontecimiento fundacional porque implicaba la ruptura entre una parte de la izquierda institucional y aquella nueva subjetividad que surgía. Sin embargo, ¿qué nos muestra el acontecimiento, más allá de *Potere Operaio*? Lo que pasó en Turín se puede explicar a partir de la película *La classe operaia va in paradiso*, de Elio Petri. El protagonista, interpretado por un delirante Gian Maria Volonté, grita ante una asamblea de trabajadores: «Nosotros entramos aquí de día, cuando todavía está oscuro, y salimos por la noche cuando ya está oscuro, ¿qué vida es la nuestra?». Volonté interpreta al obrero que había encarnado los valores estajanovistas de culto al trabajo y de disciplina. El obrero que se contentaba con las exiguas posibilidades de consumir durante las vacaciones. Igual que ya se intuía en los disturbios de plaza Statuto, a Volonté el mundo fordista se le había hecho intolerable. La fuerza de esta escena es ver cómo el protagonista lleva hasta la máxima expresión la sociedad disciplinaria mientras propone, irónicamente, a sus

---

1. Gigi Roggero, *L'operaismo politico italiano. Genealogia, storia, metodo*, Deriveapprodi, Milán, 2019.

compañeros trabajar hasta la muerte: «¿Por qué no trabajamos el domingo y por la noche?, ¿por qué no trabajamos hasta morir?». Igual que los obreros de plaza Statuto ya no soportaban la disciplina y la repetición de la fábrica, el protagonista de la película de Elio Petri llega a la conclusión de que ya no aguanta más. El delirante Volonté toca el punto álgido y grita «yo soy una máquina», como si se tratara de llevar *Tiempos modernos* de Chaplin al interior de una fábrica turinesa. A medida que produce piezas de manera mecánica y sigue el delirante ritmo de la producción, él mismo acaba enloqueciendo: «Fabrico piezas para un motor que no está aquí, un motor que va dentro de otra máquina que tampoco está aquí, tampoco está aquí». Y mientras Volonté ve el proceso de producción desnudo, le asiste un psiquiatra que le recuerda que su rebeldía es fruto de un problema con la castración. Él tiene que estar atento a la producción, saber, por muy absurdo que sea, continuar produciendo pequeñas anillas. Encontramos, pues, la realidad del trabajador industrial: tenía que vivir en un presente continuo. No tenía que hacerse preguntas, ni anticiparse, sino que tenía que estar en el aquí y el ahora. No podía estar en otra parte. Tenía que concentrarse en la tarea repetitiva y absurda que lo llevaría hacia el incremento de la producción. De hecho, cada vez que el personaje de Volonté entra en la fábrica, escucha por megafonía la equivalencia entre el presente continuo y la producción: «recuerde, atención y producción».

Así, Plaza Statuto se presenta como una forma de rechazo contra aquella sociedad disciplinaria y, por ende, contra el capitalismo que organizaba la fábrica de manera taylorista y la sociedad de manera fordista: cadena de montaje y compra lo que tú mismo has producido. Las sociedades disciplinarias actuaban, como mostró Foucault, de manera celular.[2] No se trataba de un ejercicio del poder glorioso, sino, más bien, de un poder «modesto y suspicaz» que iba construyendo la realidad. Igual que vemos en la película de Elio Petri, la sociedad disciplinaria se articulaba a partir de segmentos. La característica de aquella sociedad era la división del tiempo y del espacio y, por lo tanto, la creación de segmentos de tiempo y segmentos de espacio. Se trataba de una sociedad que, constantemente, contaba y dividía. Podríamos decir que se trataba de una sociedad dirigida al análisis. Igualmente, si la cuestión era la división del espacio y el tiempo, era una sociedad obsesionada con la anatomía —con el *cuerpo-máquina* de Descartes— que podía dividir en partes simples el todo del organismo para, después, volverlas a sumar en un nuevo conjunto. El cuerpo desorganizado del trabajador, del alumno, de la mujer, del soldado o del loco, se tenía que dividir en gestos y, después, componerlos según las exigencias de la institución. En la fábrica de Petri se contaban los movimientos del cuerpo y se los articulaba con los movimientos de la máquina. Se contaba el tiempo necesario para un movimiento del cuerpo y se lo articulaba en el tiempo necesario para el movimiento de la máquina. Todo este análisis se veía sintetizado en acciones simples: apoyar, doblar, empujar. Se trataba, entonces, de producir cuerpos productivos o, si se prefiere, normales, es decir, dóciles a la producción de más capital. Y estas acciones simples son las que acaban haciendo enloquecer a Volonté.

La sociedad disciplinaria se descubría en los grandes centros de encierro —escuela, fábrica, hospital, prisión— que componían el espacio y el tiempo, mediante una concentración —to-

2. Michel Foucault, *Vigilar y castigar: nacimiento de la prisión*, Siglo XXI, México D.F., 2023.

dos juntos— y un reparto —cada cual en su lugar— del espacio y una ordenación férrea del tiempo —a cada hora lo que es de cada hora—. Aquellas sociedades disciplinarias que habían vivido en un capitalismo de concentración, es decir, en un capitalismo que para su reproducción necesitaba del encierro, a partir de la década de los sesenta llegaban, lentamente, a su atardecer. En diferentes momentos de aquellos años, el capitalismo fundado en la disciplina, y que tenía en su entramado institucional el elemento vertebrador de su reproducción —familia, escuela, fábrica, psiquiátrico, prisión, etcétera—, empezó a colapsar en muchas de las sociedades occidentales. Figuras como las del *padre padrone* se convirtieron en intolerables y, por lo tanto, los dispositivos disciplinarios que con tanta determinación Foucault conceptualizó entraron en una larga crisis. Y, junto con la crisis de esta arquitectura social, también entraron en crisis todos aquellos valores que se encarnaban en la subjetividad disciplinaria; la obediencia o, si se prefiere, el sacrificio, perdieron su adhesión al mundo. El hecho de que se volatilizaran aquellos valores no fue fruto de la llegada de extraterrestres; desde que aparecieron los Beatles, nos volvimos unos perezosos. No se trata, entonces, de una corrupción ideológica de los obreros a partir de la cultura, sino de un conjunto de *mutaciones institucionales*. De hecho, para comprender este viraje, tendríamos que apoyarnos en la incomprensión del PCI ante los disturbios de Turín. Ellos certificaron que, en realidad, no eran obreros y, justamente, como hemos señalado, tenían razón. No eran, como diría Toni Negri, los *obreros profesionales* que tenían en el trabajo un valor porque, más o menos, sabían qué estaban fabricando, por ejemplo, coches.[3]

---

3. Toni Negri, *Dall'operaio massa all'operaio sociale*, Ombre Corte, Verona, 2024.

Eran lo que se denominó *obreros masa*, es decir, masas de trabajadores del sur de Italia, jóvenes que, como Volonté, se repetían: «la pieza sirve para una máquina que no está aquí que va dentro de otra máquina que tampoco está aquí». Eran masas de trabajadores que encarnaban el gesto repetitivo y desnudo de la disciplina. Efectivamente, el PCI tenía razón, no eran aquellos *obreros profesionales* que se sentían orgullosos del trabajo. De hecho, ellos eran engranajes, piezas, anillas, cintas de transmisión que no podían cultivar la esperanza. Para muchos de ellos el PCI ya no era su partido, pues estaba demasiado centrado en las reivindicaciones corporativistas de una clase obrera profesional en evidente decadencia. El problema, pues, no era de aquellos *obreros masa*, de los trabajadores que protestaban en Turín, sino de la ceguera del PCI, que no vio ni la mutación en la producción, ni tampoco el cambio de valores que esta mutación propició.

En aquellos mismos años, en sus columnas del *Corriere della Sera*, Pasolini analizaba, sin ahorrarse críticas tanto a izquierda como a derecha, aquella transformación que recorría la península itálica y sus islas.[4] Más preocupado por cuestiones que algunos denominarían culturales, Pasolini dio cabida a una línea de análisis que iba desde el aborto hasta las melenas de los jóvenes, todas señales de un cambio de época. Bajo el epígrafe de «mutación antropológica», Pasolini veía cómo, en palabras más modernas, no había alternativa a aquellos cambios antropológicos que se iban desarrollando. Ahora bien, a diferencia de Pasolini, que, a pesar de su pericia, a menudo acababa alabando las bendiciones de un mundo preindustrial, querríamos aplicar una visión «operaísta» a la

---

4. Pier Paolo Pasolini, *Escritos corsarios*, Galaxia Gutenberg, Barcelona, 2022.

mutación antropológica. Cierto, las cosas han cambiado, pero no a causa de un «poder que no podemos nombrar», como decía el intelectual y artista italiano, sino a causa de las luchas y la respuesta del capital.

Aquello que muestra plaza Statuto, igual que el Mayo francés o, más adelante, el *autunno caldo* e, incluso, las huelgas de la General Electric de 1969 en los Estados Unidos, era el aumento de la conflictividad obrera en la década de los sesenta que acabó por derrocar la hegemonía de las sociedades disciplinarias. No se trataba de un fenómeno italiano y, hay que remarcarlo, tampoco francés. Como mostraba Foucault, la hegemonía de la sociedad disciplinaria que había dado su pistoletazo de salida alrededor del siglo XVIII, y había llegado hasta el siglo XX, dejaba paso a unas sociedades que en apariencia promulgaban una mayor libertad. El sueño húmedo del taylorismo —que en la cadena de producción se pudieran situar monos y no personas— en el *nuevo espíritu del capitalismo* se convertía, lentamente, en una pesadilla. Es en este punto donde, a finales de los años setenta, el mismo Foucault encontraba en el neoliberalismo y en el concepto del *empresario de sí* un abundante campo de análisis.[5] En esta clínica de la subjetividad, se pasaba del obrero disciplinado y sus luchas a nuevas subjetividades. No obstante, las nuevas subjetividades fueron capturadas bajo una reforma antropológica e institucional. El capitalismo respondía a las luchas recogiendo el cambio de valores que se había ido imponiendo y traduciendo este cambio en una nueva institucionalización que, a pesar de disponer de la disciplina, ya no la tendría en el centro. Es esta la razón por la cual Fisher comen-

---

5. Michel Foucault, *Nacimiento de la biopolítica. Curso del Collège de France* (1978-1979), Akal, Madrid, 2009.

taba el famoso anuncio *1984* de Macintosh. A la crítica de la uniformidad de la disciplina, el capital respondió con nuevas armas: la flexibilidad, la competitividad, las diferencias. Este cambio es el que podríamos llamar el paso del fordismo al posfordismo.

Y esta nueva situación que dura en el tiempo podría ser denominada, como lo hacía Deleuze, el tránsito de las sociedades disciplinarias a las sociedades de control. En el *Post-scriptum sobre las sociedades de control*, Deleuze muestra cómo, a diferencia de las sociedades disciplinarias, las sociedades de control son sociedades de la postergación indefinida: elige de nuevo y elige mejor.[6] Si antes la vida se encontraba segmentada en todas sus esferas —se pasaba del momento-joven al momento-adulto o, podríamos decir, de estudiar (y trabajar) al trabajar—, ahora parece que nada acaba. En las sociedades disciplinarias siempre se tenía que empezar —acabábamos la escuela y empezábamos estudios superiores, acabábamos los estudios y empezábamos a trabajar—, mientras que en las sociedades de control nunca se acaba nada —trabajamos, pero *todavía* estudiamos, tenemos casa, pero *todavía* la pagamos—. Este no poder acabar es lo que nos permite decir, de la mano de Deleuze, que la organización de las sociedades de control se fundamenta en generar una deuda en el corazón de la subjetividad. Si el valor de la obediencia o del trabajo se fundamentaba en una producción lineal y mecánica, ahora nos vemos empujados —por no decir coaccionados— a ser mejores cada día para continuar jugando la partida. En este sentido, Tanner tenía razón: si antes el reloj tenía demasiadas horas, ahora se ha «disparado» a las agujas del reloj.

6. Gilles Deleuze, «Post-scriptum sobre las sociedades de control», en *Conversaciones* (1972-1990), Pre-Textos, 2014, Valencia, págs. 277-286.

Ahora, a diferencia de antes, trabajamos 24/7. Este trabajar continuo produce, además, un efecto que podría parecer paradójico: cuando siempre se trabaja, el trabajo no se puede contar. Si el problema de Volonté era que entraba de día, cuando todavía estaba oscuro, y salía por la noche, cuando ya estaba oscuro, nuestro problema es que ni entramos, ni salimos, siempre estamos allí mismo. El problema del personaje industrial era el horario y el hecho de calcular su vida por segmentos de tiempo. Así pues, podía decir aquello de «voy del trabajo a casa y de casa al trabajo». Ahora, ya no funcionamos, simplemente, sumando horas. En el puesto de trabajo también encontramos rincones de descanso, como las clases de yoga e, incluso, podemos trabajar desde casa. La empresa es como nuestra casa. Además, dedicamos tiempo de ocio a aumentar nuestra visibilidad en redes o a colgar nuestros méritos en internet. Si no estamos en el puesto de trabajo, estamos en la *casa-puesto de trabajo*. Si no estamos en el trabajo, estamos buscando un trabajo que se nos pague mejor.

Por este motivo, Deleuze nos decía que funcionamos por *modulaciones de intensidad*. Si la compartimentación del tiempo y del espacio era el signo de la sociedad disciplinaria, ahora se trata, recogiendo a Deleuze, de un problema de intensidad. La diferencia entre el paradigma anterior y el actual radica en el hecho de que la disciplina era, por encima de todo, *extensiva*. Funcionaba, pues, segmentando el cuerpo en partes para adherirlo a la máquina y mediante segmentaciones del tiempo: timbres que nos avisaban de la hora del almuerzo, timbres que nos avisaban de la hora de volver al puesto de trabajo. Además, la segmentación también implicaba una división del trabajo y de la vida doméstica. Por muchas horas que dedicáramos a la jornada laboral, había un espacio de exterioridad de la jornada, un espacio que no se veía abocado a la producción de capital. Pero, si se trabaja 24/7, el trabajo no se puede contar y, tampoco, ni dividir, ni sumar. La modulación de intensidad es un tipo de dominación que no funciona ni por división, ni por suma. Pongamos un ejemplo. Una magnitud extensiva como el tiempo se puede sumar: en una jornada de 40 horas, dos horas extras hacen un total de 42 horas. En este sentido, trabajar por modulación de intensidad querrá decir no trabajar sobre extensión —todas las horas igual— sino sobre magnitudes intensivas como la velocidad o la presión. No se trata de que antes no se trabajara por productividad, sino del hecho de que la productividad estaba sometida —idealmente— por la rigidez de la disciplina. En cambio, ahora la productividad se extiende a todos los rincones de la vida. Así pues, el capitalismo se pregunta: «¿qué puede aguantar un cuerpo en el régimen de la competencia?, ¿cuánta intensidad puede soportar?». Sabemos que necesita dormir y comer, pero «¿cuánta tensión es capaz de soportar?». En la sociedad de control, la intensidad señala que ya no se trata, simplemente, de aumentar la cantidad de horas de la jornada de trabajo, sino de atacar las capacidades intrínsecas del trabajador. En esta atmósfera, alguien podría argumentar que, al fin y al cabo, el tiempo de trabajo —la jornada laboral— continúa siendo esencial en nuestras sociedades. Y, de hecho, no le faltaría razón, pero el problema no es con el *tiempo de trabajo*, sino con la relación que se ha establecido entre este y el *tiempo de producción*. Como ya mostró Paolo Virno, en nuestras sociedades posfordistas el tiempo de trabajo es la unidad vigente y, a la vez, falsa de nuestra existencia, puesto que todo el tiempo productivo —liberado de la relación salarial— es central para el trabajo.[7] Todo gesto, toda vivencia

---

7. Paolo Virno, *Gramática de la multitud. Para un análisis de las formas de vida contemporáneas*, Traficantes de Sueños, Madrid, 2003.

puede convertirse en una experiencia que nos permita tener la oportunidad de conseguir un trabajo precario. Esta situación produce una «indiferencia cualitativa» entre tiempo de trabajo y no-trabajo, ya que estudiar idiomas o tomar una cerveza puede caer bajo la lógica del tiempo de trabajo. Es justo en este punto donde se apoya la dominación intensiva de las sociedades de control: cuantas más experiencias, más posibilidades de salir de la miseria.

Y si el trabajador industrial vivía en el presente continuo del aquí y el ahora, en la sociedad del control se vive en un presente postergado del allá y del después. Se establece, pues, una nueva temporalidad. En consecuencia, a diferencia de las sociedades disciplinarias —y, también, del taylorismo y del fordismo—, que regulaban el movimiento a partir del desplazamiento de un cuerpo del punto A a un punto B, las sociedades de control de corte posfordista no solo regulan el movimiento de un cuerpo entre dos puntos, sino, por encima de todo, la velocidad de este cuerpo. Una velocidad que no entiende del paso de las horas, sino del frenesí del cronómetro. Esta es la característica de la agitación: el aumento de intensidad más allá de los muros de la fábrica.

Esta dominación intensiva ha producido largas reflexiones sobre el tiempo. A diferencia de los enfoques centrados sobre todo en el espacio, como las reflexiones foucaultianas sobre el panóptico, ahora el problema principal radica en un tiempo acelerado. Y la razón es simple: en la sociedad de control ya no se trata de un espacio homogéneo para todos los trabajadores —como era la fábrica—, sino de bloques de espacio-tiempo construidos a partir de objetivos. Por consiguiente, desde Paul Virilio hasta las recientes publicaciones del sociólogo Hartmut Rosa, nos encontramos ante la constatación de una aceleración del tiempo. Siguiendo a Rosa, se puede entender que la aceleración, tanto en su vertiente tecnológica como social, produce una contracción del espacio y una falta de tiempo constante.[8] Así pues, la dominación por intensidad acaba abasteciendo una inmensa producción de cuerpos ansiosos que tienen un minuto para todo el mundo, pero dos para nadie. En esta estrategia de la tensión en la cual estamos inmersos, parece, pues, que el trabajador agotado de la cadena de montaje ha dado paso al trabajador ansioso y deprimido de la competencia constante. De hecho, el mismo Rosa reconoce entre los motores de la aceleración de nuestra sociedad la «sacrosanta competencia» que ya caracterizaba al concepto del *empresario de sí* de Foucault. A diferencia de la disciplina, la intensidad es flexible. No es rígida. No necesita un padre autoritario. Se trata de una heteronomía de la dominación y no de una autonomía de la voluntad del padre ni del soberano. Ahora, nuestro personaje mítico tiene mil cabezas, como una hidra.

Para aplicar velocidad a los cuerpos, se produjo, también, una reforma sobre la función-Estado. Se tenían que construir las condiciones de posibilidad de esta nueva subjetividad empresarial. Como de manera precisa nos explica Fisher, el estado del bienestar, y su pretensión de asegurar la vida para el trabajo, se ha convertido en el Estado-emprendedor que produce las condiciones de la competencia entre los individuos. No se trata de una «natural» guerra de todos contra todos, sino de una *fábrica de la competencia* organizada en provecho de la productividad. Esta reforma del estado del bienestar por parte del neoliberalismo incluye siempre el fantasma del paternalismo como muñeco de paja contra el que se tiene que luchar. Si en la sociedad fordista el Es-

---

8. Hartmut Rosa, *Alienación y aceleración. Hacia una teoría crítica de la temporalidad en la modernidad tardía*, Katz, Buenos Aires, 2016.

tado tenía que asegurar la vida, proteger al ciudadano, ahora el Estado-emprendedor tiene que desarrollar la autonomía personal del individuo: enseñar a pescar, enseñar a valerse por sí mismo. El paternalismo es el fantasma contra el que lucha el neoliberalismo. El objetivo es, entonces, crear un individuo que tenga una empresa en su corazón, es decir, unos objetivos, una iniciativa, una pasión, una polivalencia y que, en definitiva, no dependa de nadie. Es, justamente, en el objetivo de crearlo —siempre y en cualquier momento— donde Fisher centra su reflexión. Cuando, en *Realismo capitalista*, Fisher nos explica su experiencia como profesor, nos presenta los efectos del espíritu constructivista del neoliberalismo: las evaluaciones constantes, las autoevaluaciones, las coevaluaciones o los protocolos, como ha señalado Ingrid Guardiola, son el corazón de las instituciones.[9] Este corazón de las instituciones nos muestra cómo se crea un campo de juego donde el trabajador tiene que desarrollar su actividad, haciendo de la rigidez del horario una entelequia. Si la lucha contra el fordismo se articulaba a partir de la denuncia de la rigidez de la fábrica, el neoliberalismo, como ha señalado Germán Cano, se presenta como una restauración: si queréis ser creativos, tendréis que medir constantemente vuestra creatividad en un conjunto de procesos.[10] Si Cano utiliza la palabra *restauración* —restablecimiento del régimen político anterior—, también podemos entender que el neoliberalismo es una respuesta ante el desafío del movimiento obrero, es decir, una contrarrevolución. Sin embargo, la contrarrevolución acaba incumpliendo la promesa de dejar

9. Ingrid Guardiola, *La servitud dels protocols*, Arcàdia, Barcelona, 2025.
10. Germán Cano, *Mark Fisher: Los espectros del tardocapitalismo*, Gedisa, Barcelona, 2023.

atrás la burocracia gris del Estado. En este sentido, la reflexión de Fisher es central; el neoliberalismo que se presentaba como la promesa de realización de la vida —abandonemos la cadena de montaje— acaba produciendo más burocracia de la que había existido nunca. Ahora bien, en este *nuevo orden* de las sociedades de control, la burocracia se articula bajo la promesa de realizarnos. De este modo, podríamos entender que la burocracia es el signo de una nueva disciplina que ya no tendrá como objetivo una normalización del cuerpo, sino un mandato constante de expresividad. Y, por lo tanto, también de una nueva individualidad que, claro está, ya no será la del obrero industrial que repite movimientos de forma mecánica, sino la individualidad de aquel que no para de realizarse. Ya no se trata de cumplir con tu horario, sino de estar excitado en el trabajo y con el trabajo. Y la excitación no es extensiva, sino intensiva: ¿cuánta excitación puede soportar un cuerpo? Es en este punto donde, en la racionalidad neoliberal o la sociedad posfordista, la modulación de intensidad empuja al cuerpo a una agitación constante. Una velocidad demasiado alta y un afecto demasiado grande que generan la parálisis.

En este punto, querría volver a plaza Statuto como una intersección donde podemos encontrar diferentes posturas que, todavía hoy en día, continúan insistiendo en el imaginario colectivo. Volvamos, pues, y retomemos la cita con la cual hemos abierto este capítulo: ni temor ni esperanza, solo nuevas armas. La reacción del PCI ante los disturbios no fue otra que el descrédito de aquellos que, en el bien o en el mal, se enfrentaron a la policía. Del mismo modo, si salimos de territorio italiano, podremos ver cómo las llamadas organizaciones de clase no supieron dar respuesta a las reivindicaciones que tenían lugar a ambos lados del telón de acero: comunistas tildando de pequeñoburguesas las luchas del Mayo francés y matizando los carros armados de la Unión Soviética en Praga. Y así, la idea según la cual el capitalismo consiguió dotarse de un nuevo espíritu gracias a la complicidad de las reivindicaciones del 68 es una determinada lectura de la historia que no da cuenta de lo contrario: el fracaso de las organizaciones de clase al no saber proponer una alternativa al dispositivo disciplinario. Como hemos podido señalar, esta posición que acusa al 68 —siempre recurriendo a la versión francesa del 68— de lucha «cultural», de lucha «menor», cae, sin demasiados problemas, en una nostalgia de una clase obrera industrial. Y esta nostalgia tiene como correlato una incapacidad de poder buscar nuevas armas. Es menester recordar que de la fábrica queríamos salir y que reivindicar un pasado donde todos estábamos juntos en la cadena de montaje es una manera de «huir del presente» o, como diría Deleuze, es un síntoma del temor ante la nueva situación. Más allá de las razones económicas, parece que reindustrializar excita los inconscientes de una parte de la izquierda, no simplemente por culpa del amor por el producto local, sino a causa del fetichismo del obrero industrial. De hecho, ahora podríamos volver a Pasolini y ver cómo el intelectual italiano acertaba cuando decía que el PCI había comprado la misma antropología que la derecha italiana y que, sin mucho esfuerzo, esto lo llevaría hacia la desaparición. Cuando Pasolini señalaba «la misma antropología», estaba señalando que la crítica a la sociedad disciplinaria por parte del PCI se convertía en la aceptación de la sociedad de consumo y, por lo tanto, en la solución dada por el capital a las luchas. La falta de alternativa señalaba la soledad de todos aquellos que habían luchado contra la sociedad fordista.

Respecto a esta situación, hagamos nuestra la hipótesis de Fisher según la cual la cultura ha adquirido protagonismo a causa de la desaceleración de la historia, es decir, a causa de la parálisis agitante. No una cultura que, como querrían Adorno y Horkheimer, ha perdido su autonomía y, por lo tanto, su capacidad crítica con el capital, sino una cultura como sintomatología de los cambios en la reproducción de la vida y, por ende, en la producción capitalista.[11] Una cultura que nos señala síntomas y no una cultura que sea solo valorada en cuanto a capacidad crítica. En este bloqueo de otro futuro producido en la postergación del presente, se ha podido ver cómo en la literatura, el cine o en la música se presentaban los fantasmas —tecnológicos, utópicos, lisérgicos, etcétera— que la sociedad no podía incluir. Podríamos decirlo en nuestros términos: la cultura es la sintomatología de la catatonia; si la velocidad ha paralizado la alternativa, la cultura expresa el malestar de nuestro tiempo. Por este motivo, es imprescindible recorrerla: ver sus anhelos, sus pesadillas y sus configuraciones. Y si para algunos «marxistas» podría parecer accesorio, suplementario o incluso banal —siguiendo aquel viejo esquema entre infraestructura y superestructura—, para nosotros tiene que ser el punto de partida de la renovación de cualquier *lucha de clases*. En el capitalismo catatónico es en la cultura donde encontramos la *clínica* de la lucha de clases. Es en los intentos de expresión, más allá del mandato de la expresión del capitalismo neoliberal —exprésate, pero para ser productivo— y de su reverso autoritario —por ahora, el matrimonio: Trump y Putin— que nos dice «la fiesta se ha acabado», donde la respuesta

---

11. Theodor Adorno y Max Horkheimer, *Dialéctica de la ilustración*, Akal, Madrid, 2020.

solo puede ser una: «la fiesta todavía no ha empezado». En otros términos, no encontraremos ninguna solución en una canción —como si, de alguna manera, se tratase de cantar muy fuerte para hacer caer el capital—, pero sí que encontraremos el problema, la dirección de los síntomas que toda política real tiene que cabalgar, que toda fiesta real no puede ningunear.

3. La fuga nostálgica

Tengo la sensación de que la señorita R. vive su «pasado» como si fuera presente, y de que tal vez nunca lo haya sentido como algo «pasado». ¿Es posible que la señorita R., en realidad, no se haya movido nunca del «pasado»?

Oliver Sacks, *Despertares*

Anhelan liberarse de las experiencias, anhelan un mundo y un entorno en el que puedan hacer valer su pobreza, la exterior y, por fin, también la interior, tan clara, tan limpiamente, que de ella pueda, al fin, salir algo decente.

Walter Benjamin, *Experiencia y pobreza*

Al principio de la película *Caro diario*, el personaje de Nanni Moretti se refugia en un cine de una Roma calurosa. Una vez sentado en la butaca, Moretti observa cómo uno de los protagonistas de la película se pregunta: «¿En qué nos hemos convertido? Nos hemos convertido en publicistas, arquitectos, agentes de bolsa, diputados, regidores, periodistas... Hemos cambiado mucho; hoy en día todos somos cómplices». En lo que parece un encuentro de viejos amigos, los personajes van desgranando todas sus faltas en la asunción de que su vida ya no es la de los años setenta. Ante el fatalismo costumbrista de la derrota de las luchas obreras de los años setenta, un Moretti inquieto mueve el culo en el asiento del cine, mientras en voz baja repite: «Pero ¿por qué *todos*? Esta maldita obsesión con *todos* iguales, *todos* cómplices». El problema del «todos somos cómplices» no es señalar que, a diferencia de ellos, Moretti no pertenece a este mundo; que, pensándolo mejor, él no es cómplice. Más bien, lo que molesta a Moretti es cómo el «todos» implica una clausura de lo posible que hace de cualquier otra cosa un imposible. En este sentido, el problema de Moretti no es contra el hecho incontestable de que nuestra sociedad ha cambiado, que ya no se trata de un capitalismo de concentración donde, fácilmente, podemos señalar al responsable de la explotación. De hecho, podríamos decir que la ventaja de la película que mira Moretti es que muestra cómo, rápidamente, llegamos a la conclusión de que nos autoexplotamos. En ningún caso Moretti recurre a un voluntarismo optimista porque, igual que los protagonistas de la película, él también ha perdido. Más bien, la rabia de Moretti es contra el hecho contestable de la naturalización de este «todos» que nos dice: continuamos y continuaremos haciendo lo mismo. Es esta determinada *instauración de lo posible* lo que irrita a Moretti. Como si de alguna manera nuestro problema fuese una natural tendencia del humano a la autoexplotación. Como si nuestro problema fuese, en última instancia, un problema psicológico —trabajamos demasiado, nos tendríamos que relajar— que se pudiera solucionar mediante horas de terapia o entre exabruptos en una cena de viejos amigos. Soluciones que, todo sea dicho, se dirigen hacia aquella esfera privada donde el neoliberalismo quiere empujar todas las demandas.

La rabia de Moretti es la rabia ante unas palabras que presentan el inmovilismo del sentido común en la Italia que espera la llegada de Berlusconi. No hay nada que hacer, ahora la historia se ha desanudado y todo transcurre con aparente naturalidad. Y sí, hay cierta locura en la rabia que siente Moretti. Pero ¿no es esta la locura necesaria para conocer? La locura de no dar por bueno el estado de cosas, la locura de aquel que ha perdido el sentido común y que se acoge a libros y autores como armas contra este mundo.

La complicidad que irrita a Moretti se presenta como un sentimiento de época en la cultura contemporánea. La idea según la cual el neoliberalismo o, en su defecto, el capitalismo posfordista es una liberación del deseo que se ha unido a la vida de manera indisociable, lleva en su corazón la idea de que nosotros somos el problema. Nuestras actitudes, nuestras maneras de pensar o, para los más esencialistas, la naturaleza de la humanidad son el problema. De manera espontánea hemos dedicado la vida al trabajo y, ahora, nos encontramos con la frase de los personajes de la película: «¿En qué nos hemos convertido?». En la esfera privada, en casa o ante el terapeuta, muchos acaban dándose cuenta de que, como señala Žižek, «sabemos lo que hacemos, pero, aun así, lo continuamos haciendo».[1] Este sentimiento de complicidad presenta nuestra voluntad como una facultad esclerótica, abocada de manera natural a un fracaso que se presenta como ineludible. Por mucho que hagamos, siempre acabaremos siendo todos cómplices. No obstante, hay que señalar que el cinismo al cual aludía el filósofo esloveno viene siempre acompañado

1. Slavoj Žižek, *El sublime objeto de la ideología*, Siglo XXI, Madrid, 1992.

de una montaña de burocracia que nos aleja de cualquier acción genuina.

El profesor ya no es solo el que prepara clases, sino aquel que evalúa constantemente, el de la formación continua, el educador en sentimientos, el que acompaña a las familias y el que entretiene a sus alumnos. Se ha convertido en el hombre de Vitruvio, la medida de todas las cosas. Tiene que estar constantemente en tensión y, en esta nueva situación, se produce un efecto de descontrol alrededor de su propia acción. La modulación de intensidad de las sociedades del control produce una velocidad del cambio constante y, en esta aceleración de la experiencia donde nos encontramos, se produce lo que podría parecer un efecto paradójico. Cuando todo cambia constantemente, en realidad, nada cambia. El desencanto de los personajes de la película de Moretti es la sensación de un descontrol que es, de hecho, fruto del control.

Los dispositivos de control que, por ejemplo, tienen como baluarte los protocolos o la burocracia laboral, en realidad, acaban generando la sensación de una deuda constante. Entretenidos entre las mil y una pruebas que tenemos que superar, nos encontramos siempre en una postergación indefinida; tenemos objetivos, competencias, capacidades que se tienen que desarrollar, siempre teniendo en cuenta el futuro. Para construir esta subjetividad, se ha tenido que acelerar la experiencia, aplicarle intensidad e, igual que en el caso de Rose, la intensidad del afecto es demasiado grande. Las sociedades de control producen, de hecho, un presente secuestrado por la velocidad; no estamos nunca aquí y ahora, sino siempre, como señalaba Deleuze, estamos en la anticipación que nos impide acabar algo. Se trata de una fragmentación de la experiencia. Vamos de aquí para allá haciendo ver que trabajamos en algo, pero sin terminar nada. En esta intensificada aceleración, lo que se acaba produciendo es la percepción generalizada de que, en realidad, estamos en un descontrol y que el cambio constante produce demasiada novedad. A pesar de esta percepción generalizada, debemos llevar esta sensación de descontrol hacia sus mismas condiciones de posibilidad y darnos cuenta de que, al fin y al cabo, nuestro problema no es con la novedad. De hecho, tendríamos que entender que aquello que detesta la sociedad de control es la novedad. Igual que señalaba Benjamin sobre la moda, nuestro problema es que el cambio constante que se aplica sobre nuestras vidas, en realidad, genera *lo mismo*. Saltamos de un trabajo a otro, en una constante repetición de lo mismo: precarios y desposeídos tenemos experiencias que no nos mueven ni un palmo. Igual que sucedía con Rose, la agitación lleva, ineludiblemente, a la parálisis. No se trata, entonces, de que haya un problema con la novedad en nuestro mundo, sino de que la novedad resulta imposible en el presente secuestrado de la agitación. De hecho, es menester señalar que la agitación no coincide con la novedad. Toda la supuesta novedad que se nos propone es intercambiable con nuestra acción anterior, y esto la convierte en algo contrario a la novedad.

Si se pedía más libertad, la respuesta —contrarrevolución— ha sido dominar mediante la intensidad, es decir, controlar que el desarrollo de la creatividad o de la libertad se dé en los intersticios del capital. Nuestro mundo no es el de «pescar por la mañana y cazar por la tarde», sino el de pescar por la mañana y llenar informes sobre la necesidad de pescar por la tarde. En este sentido, la dominación por intensidad produce una consecuencia contraria a lo que, en definitiva, se prometía. Si la cuestión era liberar la vida de la fábrica, el neoliberalismo ha querido hacer coincidir la vida con el trabajo. En esta coincidencia, se tiene que controlar que la vida sea productiva y, por lo tanto, se tiene que incrementar de manera constante la tensión y la velocidad. Ahora ya podemos trabajar desde casa, ya no hace falta que estemos atados a un horario, ahora trabajamos por proyectos. Y así la excitación constante de la experiencia acaba produciendo la parálisis de la experiencia o, como señalaba Fisher, la imposibilidad de pensamiento y acción genuinos. Del mismo modo que los personajes de Moretti hacen muchas cosas y sienten su complicidad con el sistema de explotación, el catatónico ante la avalancha de afectos acaba en una postura antigravitatoria. Imposible tener una experiencia genuina cuando, después de todo, tenemos que realizar una detrás de otra. El desorden organizado de las sociedades de control hace que se busque un refugio, un ancla en la experiencia. Un poco de orden, por favor. Necesito un poco de orden o me ahogo. Y de este modo, se proponen «refugios de orden» en las salas de los gimnasios, donde la población adolescente levanta hierro como si nos dijeran: ante la agitación, *burpees*; ante la depresión, *press banca*.

En consecuencia, vemos cómo en nuestras sociedades crecen dos reacciones en la agitación constante. Por un lado, encontramos en los sueños apocalípticos una anticipación fruto de la ansiosa repetición de lo mismo. Imaginamos un mundo sin nosotros, un mundo que, finalmente, se deshace de la potencia geológica del humano. Y así, los argumentos malthusianos gozan de una nueva salud cuando se nos presenta la humanidad como una plaga o como un virus. Toda una escatología fruto de esta complicidad sufrida, de esta naturalización del capitalismo, que borra las condiciones históricas y las convierte en un defecto de fábrica; el humano, siempre el humano, está mal hecho. Aquello que duerme entre la retórica apocalíptica es la intuición de un presente postergado y, en consecuencia, la imposibilidad de un futuro. No hay posibilidad de hacer nada con este mundo nuestro y, en consecuencia, pronto llegará el fin de los tiempos o el tiempo del fin. La inacción teleológica del fin del mundo constata el malestar ante un afecto demasiado fuerte que nos conduce a entregarnos a la suerte de una humanidad que, a menudo, tiene un rostro blanco y habla inglés.

Si la proyección del presente postergado es el fin del mundo, habría una segunda respuesta afectiva al descontrol producido por las sociedades de control: la nostalgia. Ahora bien, alrededor de la posición nostálgica se podrían avanzar muchas hipótesis. Existiría la posición de Fisher, que, en *Los fantasmas de mi vida*, intentaba rescatar las promesas incumplidas de las luchas y, también, habría una posición que se ha extendido como una mancha de aceite tanto a izquierda como a derecha.[2] Esta posición que Antonio Gómez Villar analiza en el libro *Los olvidados* es una posición reaccionaria, en el sentido más etimológico del término, o, si lo queremos decir con Nietzsche, resentida.[3] La idea según la cual parte de la izquierda ha abandonado las luchas en favor de una «trampa de la diversidad» o una «ideología *woke*», funciona como la coartada para la reivindicación de un obrero olvidado. Un obrero que no participa de la diferencia, que siempre ha sido un hombre blanco y que ahora vuelve a la palestra para poner un poco de orden ante el desbarajuste de lo *queer*. Parece que

2. Mark Fisher, *Los fantasmas de mi vida. Escritos sobre depresión, hauntología y futuros perdidos*, Caja Negra, Buenos Aires, 2018.
3. Antonio Gómez Villar, *Los olvidados. Ficción de un proletariado reaccionario*, Bellaterra, Barcelona, 2022.

se nos diga: demasiada confusión, todo esto es demasiado *queer* (raro), necesitamos, de nuevo, orden y comando. Y es, justamente, porque *siempre ha sido blanco* que, en realidad, el obrero perdido no ha existido nunca, es decir, nunca ha formado parte de la historia. Es sobre esta posición que golpeamos: la posición que, si se quiere decir en *filosofés*, reifica el sujeto político o, en términos negativos, que no asume el cambio de posición de las luchas.

En este sentido, ante la velocidad constante —cambios y más cambios— se producen las condiciones de posibilidad para una hegemonía nostálgica. No obstante, el cambio constante no genera, *de facto*, ninguna novedad. Ante el refugio del capital en la especulación inmobiliaria y el constante cambio de la arquitectura urbana, en realidad nos encontramos en ciudades que cada vez son más iguales las unas a las otras. Nuestras ciudades cambian, pero son todas iguales. Y en este cambio constante, parece que se genera una necesidad retorno a la comunidad —volvemos al barrio, a la iglesia, a la familia— o, en todo caso, a las posiciones anteriores. Esta reacción ante la parálisis por agitación acaba por escorarnos hacia un pasado mítico y no en una relación con el pasado. Si las *tradwifes* (mujeres tradicionales) que invaden las redes sociales tienen una relación mítica con el pasado, es porque hacen del acto de cocinar la panacea del malestar. Ante la intuición del apocalipsis inminente, la respuesta implica dar un salto atrás. Otra cosa sería hacer las cuentas con el pasado y no proponerlo de manera *vintage*. De hecho, entre el *vintage* y las *tradwifes* se produce una atmósfera de época al calor del afecto nostálgico: la imposibilidad de estar en el presente tiene como consecuencia buscar refugio en un pasado mítico. La carencia de luto alrededor del evidente fracaso de las organizaciones de clase, con el paso del tiempo, se ha convertido en una nostalgia alrededor de una clase obrera industrial. A menudo, esta nostalgia cae en un exotismo del mono azul que, de rebote, acaba situando a la izquierda, como diría Simon Reynolds, en una *retromanía*.[4] Siempre se espera que un elemento exterior baje a la tierra y nos salve de este horror. Esta pasión por los extraterrestres —en su sentido más literal— se mezcla, a veces, con un amor por el pasado que tiene más de *vintage* que de revolucionario. Y así se busca en el pasado la satisfacción a la respuesta que se es incapaz de dar al tiempo propio. Es en este punto donde encontramos, de nuevo, a Deleuze: se tienen que buscar nuevas armas contra la nueva situación.

Ahora bien, es necesario recordar que la restauración neoliberal hace suya aquella máxima de la novela de Tomasi di Lampedusa: «Que todo cambie, para que todo continúe igual».[5] Es, como señalaba Gramsci, una *revolución pasiva*. En este sentido, no descubrimos nada o, más bien, lo descubrimos todo, es decir, todo lo que corresponde al capitalismo catatónico: robar el presente para hacer inviable el futuro. Es en esta concreta arquitectura afectiva que genera la catatonia donde se articulan los clamores de orden y los sueños apocalípticos. No se trata de una desorganización *in toto*, sino de una nueva organización —una nueva racionalidad— que funciona de manera diferente a la fábrica. Y en esta nueva organización se hace comprensible el famoso eslogan de Reagan y el Brexit: «*let's take back control*». Por este motivo, la fiesta de las sociedades de control no es una fiesta real, sino que, en la dominación por intensidad, se produce un desorden que acaba produciendo la imperiosa necesidad de orden. La música

---

4. Simon Reynolds, *Retromanía. La adicción del pop a su propio pasado*, Caja Negra, Buenos Aires, 2024.
5. Giuseppe Tomasi di Lampedusa, *Il Gatopardo*, Feltrinelli, Milán, 2013.

está demasiado fuerte y no conseguimos bailar. Al mismo tiempo, para deshacer este círculo vicioso, es necesario poner la dominación cabeza abajo, es decir, mostrar cómo, al final, ir saltando de un trabajo a otro no tiene nada que ver con la novedad ni tampoco con la libertad. El control genera un afecto demasiado grande, un afecto de descontrol. En última instancia, una *pasión triste*. Ahora bien, se puede defender una reformulación de la nostalgia. De poco sirve negar la nostalgia y, por tanto, se debe partir de esta para contraponer el afecto de descontrol. En este sentido, la operación que realiza Fisher alrededor de las promesas incumplidas es, sin duda, el intento de hacer algo con una nostalgia que, en nuestro tiempo, se ha convertido en hegemónica. Sin duda, si lo queremos decir con Proust y, también, con la sensación de un trabajador, la cuestión del tiempo perdido es capital. Si aceptamos cierta mutación de los valores contemporáneos y de la producción, no se trata de juzgar la realidad, sino de entender que la nostalgia es un síntoma de la mutación del capitalismo.

La pregunta es, entonces, ¿qué relación hay entre la nostalgia y la catatonia? Si la catatonia es la generación de un afecto demasiado grande para ser vivido que acaba generando parálisis, la nostalgia es una respuesta ante la imposibilidad de hacer presente. Ante la idea según la cual el nostálgico recuerda todo el rato un pasado, tendríamos que entender que, justamente, el nostálgico no puede recordar. En síntesis, el nostálgico es lo contrario del recuerdo, pues, como la misma etimología de la palabra señala, se trata de un «dolor en el retorno». El nostálgico siente un dolor demasiado grande, si lo queremos decir con Freud, para poder dirigirse hacia el mundo exterior o, lo que sería lo mismo, para poder estar *aquí y ahora*. Su problema no es recordar alguna vivencia, sino vivir en el pasado. De hecho, podría parecer paradó-

50

jico, pero, cuando vivimos en el recuerdo, hacemos lo contrario de la acción de recordar. Para recordar es necesaria una distancia que siempre se propone desde un aquí y un ahora a partir del cual recordamos. Recordamos las derrotas de las luchas obreras y, como le gustaría a Fisher, rescatamos las promesas perdidas. En cambio, cuando caemos en la nostalgia vivimos en un pasado mítico. Si este pasado es, al final, mítico, es porque se trata de un tiempo circular. Un tiempo circular que es repetición de lo mismo; los mismos malestares, los mismos personajes, los mismos afectos. Como señala la filósofa Clara Ramas, el nostálgico busca un «objeto perdido», pero el objeto perdido es siempre mítico: «No es, pues, la referencia al pasado lo esencial para comprender qué se juega en la melancolía. Y, en segundo lugar, lo que añora el melancólico, a menudo, nunca existió tal y como él añora. El pasado en el cual nuestros padres vivían mejor que nosotros nunca existió».[6]

El nostálgico vive en el pasado y, en consecuencia, su problema es con el presente. Y si lo vive cada día, no tiene ni pasado, ni presente ni futuro; vive en el interregno de una cosa que no ha acabado y de otra que, todavía, no ha empezado. En el interregno del nostálgico se hace imposible buscar nuevas armas contra la nueva situación. De hecho, si la nostalgia se ha convertido en una pasión de época, es debido a la producción de una subjetividad catatónica en la cual el presente, en cuanto que capacidad de actuar, queda postergado en la avalancha de la agitación. El problema no es una tendencia natural del ser humano a la nostalgia. En nuestro tiempo, la inflación nostálgica es consecuencia del se-

6. Clara Ramas, *El tiempo perdido. Contra la edad dorada. Una crítica del fantasma de la melancolía en política y filosofía*, Arpa, Barcelona, 2024, pág. 89.

cuestro del presente. Se produce un tiempo en el cual todavía no salimos de la fábrica, un tiempo en el cual no generamos nueva experiencia. Y si este es nuestro problema, es necesario desnaturalizar la nostalgia, presentarla como un efecto de la producción de cuerpos catatónicos.

No se trata, pues, de que tengamos que olvidar lo que ha pasado, sino que lo tenemos que poder recordar. Y, del mismo modo, tampoco se trata de que tengamos que imaginar una utopía que llene nuestros corazones de esperanza. Se trata, en primer lugar, de conseguir estar en un tiempo-ahora, un tiempo presente sin el cual nuestra relación con el pasado y el presente se derrumba en la continua repetición de lo mismo que encarna la afectividad catatónica. En este punto, encontramos la alianza entre dos escritores: Robert Walser y Marcel Proust. Si Proust es el maestro del recuerdo, en la novela *El paseo* Walser nos muestra cómo caminar reaviva el pensamiento.[7] Para dar un paseo, como en la novela de Walser, que piensa y camina, tenemos que entrenarnos en el arte, poco cultivado, de poner un pie tras otro. En este sentido, nos tenemos que situar en el gerundio *andando*. Y cuando hacemos camino, nos damos cuenta de que, al recordar, cogemos un trozo de pasado y lo llevamos hacia delante, al siguiente paso. En este gesto, no estamos ni venerando ni maldiciendo el pasado. Nos damos cuenta de que ningún paso será como el anterior, que, efectivamente, ya hemos cambiado y que nuestra relación con el pasado no es, simplemente, imitativa. No tenemos que hacer *como* hicieron los obreros industriales: «ponernos los monos azules y los sombreros soviéticos». Es en este punto don-

7. Robert Walser, *La passejada*, Flâneur, Barcelona, 2022.

de se hace evidente que siempre habrá un tiempo perdido y que la manera de recobrarlo es componerlo con un presente que se va haciendo. Tenemos que hacer *con* los obreros industriales, aprender de cada paso que damos. Ninguna defensa nostálgica nos salvará. Ninguna esperanza en el pasado nos salvará. Ningún temor sobre el porvenir podrá evitarnos el apuro de dar un paso adelante. En este camino que empezamos, dejamos de tener una relación imitativa o reproductiva con el pasado —dejamos de vivir en el pasado— y el recuerdo deviene nuestra «capacidad de crear». Para caminar tenemos que admitir que estamos perdidos y que solo nos reencontramos en esta deliciosa búsqueda.

Supongamos que un día, o una noche, un demonio nos sigue a nuestra soledad última y nos dice: «¿has dado cabida al temor o a la esperanza?, ¿has soñado el retorno del obrero industrial y del estado del bienestar?». Y suponemos también que nos pide una réplica: ¿nos tiraremos al suelo y rechinaremos los dientes? O bien le responderemos: «Eres un dios y nunca he escuchado nada tan divino». En todo caso, tenemos que dejar que la pregunta del demonio —que se llama Deleuze y también Nietzsche— resuene en medio de la noche, dejar que el eco de la oscuridad nos devuelva una respuesta: no hay lugar para el temor ni la esperanza. Si vivimos en el entumecimiento catatónico, en la desazón de la parálisis, y la «nueva disciplina» es la dominación por velocidad, es menester encontrar respuestas ahora, en este aquí, en este hoy.

4. Elige de nuevo y elige mejor

La forma en la que se genera valor en la bolsa no depende tanto de lo que «realmente hace» una empresa como de las percepciones y las creencias de sus rendimientos futuros. De ahí que en el capitalismo todo lo sólido se disuelve en las relaciones públicas.

Mark Fisher, *Realismo capitalista*

El desposeído Llados nos recuerda que unos cuantos abdominales nos permitirán recuperar el control.[1] En medio de una atmósfera espectral, Llados nos dice: «Mirad, yo tengo un *lambo* y tengo muchas novias, y vosotros, ¿qué tenéis?».[2] Levantaos a las cinco de la mañana, precarios de esta tierra, si no queréis tener panza o ser mileuristas. Seguid el extraño ascetismo del lujo que dicta

1. Todas las reflexiones sobre Llados son fruto de largas conversaciones con Adrià Porta Caballé y, a pesar de la distancia, se inspiran en el artículo del mismo autor: Adrià Porta Caballé, «¡Fuck, tienes panza!: Llados o por qué vivimos en una sociedad estoica imperial», *Catalunyaplural*, 8 de noviembre de 2023: https://catalunyaplural.cat/es/fuck-tienes-panza-llados-o-por-que-vivimos-en-una-epoca-estoica-imperial/
2. Llados utiliza un léxico como *panza, burpees* (técnica de gimnasia que mezcla un salto y una flexión), *lambo* (referente a la marca de coches Lamborghini).

que, para pasárselo bien, se tiene que sufrir. Llevad la cultura del esfuerzo a su máxima expresión y cultivad la esperanza de que, a base de abdominales, os empoderaréis y dejaréis atrás vuestra sensación de descontrol.

El youtuber y coach Amadeo Lladós se presenta a sí mismo como un hombre normal que limpiaba platos y que, a base de esfuerzo, ha sabido salir de la precariedad. La cuestión que nos interesa aquí no trata, simplemente, sobre el relato de superación que nos explica el joven madrileño. Todo lo contrario, lo que nos interesa es el problema ético y político que Llados nos propone. Detrás de la montaña de músculos y tatuajes, podríamos pensar que se esconde un joven que necesita ir al psicólogo. Ahora bien, esto no explicaría cómo Llados se ha hecho con más de 1,4 millones de seguidores en Instagram y 2,8 millones en TikTok. La cuestión es analizar la arquitectura afectiva que Llados nos presenta y, también, preguntarnos sobre qué relaciones sociales se desprenden de esta. Y, en este sentido, Llados se nos aparece como un rebelde, alguien que no sigue las normas o que, en todo caso, es capaz de transgredirlas.

Debemos admitir que Llados no es el protestante consagrado al trabajo o, podríamos decir, el maestro de minimizar riesgos. Para Llados no se trata de recuperar el control mediante el ahorro o de refundar una ética del buen trabajador. Llados se rebela contra esta austeridad. De hecho, podríamos decir, con Amador Fernández-Savater, que habría una equivalencia entre *El lobo de Wall Street* y Llados.[3] En ambos casos, ya no se trata de ser prudente, sino de convertirse en «el gran optimizador», es decir, en aquel que es capaz de hacer siempre una inversión de más. Igual que el protagonis-

3. Fernández-Savater, *op. cit.*, pág. 77.

ta de la película de Scorsese, Llados delira sobre el capitalismo, pero, a diferencia del lobo, ya no es un mero inversor financiero. El youtuber ha convertido las tarjetas de visita y la gomina del yuppie de los noventa en unos hombros y unos bíceps hipertrofiados que nos presentan la equivalencia entre el músculo y el ganador.

Por otro lado, la excitación y la rebeldía de Llados no son equiparables a la de otros personajes de nuestra cultura contemporánea. En redes sociales, podemos encontrar un vídeo de Yung Beef quemando billetes y diciendo «de cinco euros en cinco euros cambiaré la sociedad y todavía me quedan tres mil para quemar». Al contrario de la excitación de Llados y su «haz rentable tu existencia», Yung Beef representa la dilapidación aristocrática del lujo. Durante la presentación de un disco en Madrid, él mismo se paseaba tirando billetes al aire entre los gritos de sus fans, al más puro estilo de «dinero gratis». De este modo, Yung Beef encarna la verdadera fiesta, la que, como nos ha enseñado Georges Bataille, desborda cualquier *Homo economicus* que, con su racionalidad del intercambio y la conservación, es incapaz de pensar en la dilapidación y el derroche de la fiesta. Parece que el rapero nos recuerda que una verdadera fiesta solo puede ser la de «dinero gratis», es decir, la que elimina el corte entre ricos y pobres, atacando el corazón mismo de la división: el dinero. Como ha señalado Llevadot sobre Yung Beef a raíz del coloquio en el Primavera Sound con Bad Gyal y C. Tangana, hay en su manera de estar en el mundo una ingenuidad que es proporcional al desafío que representa.[4] Solo dice y hace majaderías y, de hecho, son las majaderías las que desconciertan la argumentación impecable del empresario

---

4. Laura Llevadot, *Quatre mil dos-cents vint-i-set suïcidis no exemplars*, H&O, Barcelona, 2025, pág. 140.

C. Tangana. Cuando durante el coloquio, «el madrileño» argumenta a partir de una hórrida lógica de lo existente, nada le hace pensar que sus argumentos impecables sobre la industria musical serán ignorados. Pero Yung Beef hace las cosas a su manera. Sin moverse ni un milímetro. En todo caso, antes de venderse, volvería a pasar droga. La obstinación y las majaderías de Yung Beef son un ataque a la línea de flotación de C. Tangana. La obstinación de Yung Beef ataca el campo del intercambio de ideas. No se trata de un debate porque con Yung Beef no hay debate, solo hay *beef* o, si se quiere decir con Rancière, *desacuerdo*. Él trabaja contra la policía del sentido común y a favor de lo imposible. Y es este imposible el que encarna la radicalidad de la fiesta.

Parece, pues, que tanto Yung Beef como Llados son rebeldes, pero se tiene que admitir que esta excitación funciona de manera diferente. En el rapero, la excitación funciona de manera «clásica», en una actualización de las promesas del punk y del rap de los noventa; en el youtuber, en cambio, funciona mediante la optimización de la elección que comporta una excitación por el deber con claros aires paramilitares. La excitación de Yung Beef identifica el orden y el control del dinero y propone una inevitable transgresión de la promesa neoliberal. En cambio, Llados nos muestra el camino que solo conocen los ganadores. El camino que se deshace de todas las cortesías de la sociedad, para recaer en un amor desmesurado por uno mismo. Ahora bien, la «rebelión de los de arriba» ya no pasa, como en la película de Scorsese, por la simple adquisición de coches, helicópteros, mansiones o trajes caros. En muchos de sus vídeos en redes, Llados sale con ropa de deporte y, cuando el tiempo lo permite, sin camiseta. La excitación de Llados se vehicula en el propio cuerpo. El signo del éxito pasa por su cuerpo hipertrofiado. Incluso, cuando habla con sus seguidores, produce una equivalencia entre tener panza y ser pobre y hacer *burpees* y ser rico. En este sentido, la particularidad de Llados es la preponderancia del cuerpo en el corte entre gente con éxito y gente sin éxito.

En consecuencia, Llados es una respuesta a la sensación de desazón contemporánea, y por este motivo adora el orden. Si la nostalgia se presentaba como una reacción ante el secuestro del presente, Llados presenta otra respuesta a la imperiosa sensación de cambio. El youtuber está excitado porque él ha encontrado la fórmula para tener una vida productiva y no una vida improductiva. Para dominar el cambio que nos asedia. Llados sabe cómo tomar el control en este mundo descontrolado que, a fin de cuentas, nos propone miles de opciones entre las que elegir. Reivindica la atención, es decir, reivindica estar aquí y ahora, en medio de una sala de gimnasio. Él sabe lo que tenemos que elegir para poder dominar la avalancha de opciones que solo generan una insatisfacción constante. Y, por este motivo, Llados encarna nuestra atmósfera de época.

Ya en los años noventa, se llegó a la conclusión de que, en la sociedad posfordista, todo el rato se trataba de elegir: «*Choose a life, choose a job, choose a career, choose a family, choose a fucking big television*». La fuerza del comienzo de *Trainspotting* es la constatación de una equivalencia entre la decisión vital y elegir un televisor; la vida quedaba, ahora sí, reducida a elegir un estilo de vida y, por todo ello, a comprarlo. En la película de Danny Boyle, la avalancha de elecciones provocaba una respuesta al más puro estilo Bartleby.[5] Si teníamos que estar constantemente eligiendo,

5. Herman Melville, *Bartleby, el escribiente*, Nórdica, Madrid, 2007.

más valía no elegir nada, dejarlo estar. Era conveniente, pues, encarnar el «preferiría no hacerlo» del personaje de Melville y dejar de lado aquella sociedad del consumo y sus promesas. Y, a pesar del dramático final de los protagonistas, siempre daba la sensación de que aquellos yonquis sabían que la promesa neoliberal comportaba grandes dosis de engaño. A diferencia de los años noventa, Llados afirma: en la avalancha de elecciones, tenemos que saber elegir mejor que nunca. Ya no se trata, simplemente, de estudiar y trabajar, de esforzarse mucho, sino de saber elegir bien.

En el libro *Por qué duele el amor*, Eva Illouz desarrolla lo que podríamos denominar un dispositivo de la elección.[6] Más allá del análisis del concepto de amor y de sus derivadas en las relaciones sexoafectivas, Illouz nos muestra cómo en la sociedad contemporánea existe una traducción de la libertad en la constante elección de objetos. Por este motivo, se produce una forma concreta de medir la libertad: quien elige es libre y quien no elige no lo es. Cuantas más elecciones se hagan, más libertad se acumulará. En este sentido, encontramos que la optimización se ha convertido en un punto fundamental para la libertad. Para esclarecer esta idea, Illouz enumera cuatro características de este dispositivo: la generación de un gran número de opciones reales e imaginarias, la necesidad de una continua introspección para la maximización de la elección, el surgimiento de la elección de una voluntad y una afectividad individual y, también, la continua renovación de la elección y, en consecuencia, de la subjetividad. Recojamos, entonces, la primera de las características de Illouz: la generación de un gran número de opciones reales e imaginarias. Entre los hombres

---

6. Eva Illouz, *Pourquoi l'amour fait mal. L'expérience amoureuse dans la modernité*, Éditions du Seuil, París, 2012, págs. 119-208.

que la autora entrevista, siempre hay la sensación de que la elección de la pareja podría estar sometida a una revisión constante. Tal vez habría en el mercado del amor una opción más acorde con mi principio de placer. Hoy en día, este número de opciones reales e imaginarias ha tenido un incremento exponencial. A diferencia de los años noventa, cuando la elección de la lavadora exigía ir hasta el centro comercial o las relaciones sexoafectivas implicaban espacios de socialización como los bares, hoy en día las opciones se encuentran en nuestro bolsillo. Desde el sofá de casa, podemos dar un vistazo a los solteros y solteras de nuestras ciudades y, al mismo tiempo, descubrir las últimas ofertas de alguna marca de ropa. En esta inmediatez, la elección ha cogido un impulso ulterior: la elección es, ahora, un simple y en apariencia inocuo *like*. Como señala Éric Sadin, el capitalismo actual se empeña en capturar todo aquello que, a sus ojos, era una pérdida inconmensurable.[7] Todo aquel tiempo no productivo para el capital, como, por ejemplo, cuando dormíamos, paseábamos o, simplemente, cuando estábamos en casa, ahora quiere ponerse en el lado de la producción de capital. Es el caso de las neveras inteligentes, que te recuerdan qué productos te faltan, o de las plataformas de *streaming*, que sueñan con ofrecerte películas según tu estado de ánimo. Todo esto se acompaña con un léxico de la cura que busca poner toda la vida a trabajar. La economía de la atención o la producción de datos actual —que tiene como cimiento las redes o la economía de plataformas— lleva a la elección, un paso más allá. Ahora bien, en esta situación no se produce una sumisión de la voluntad humana a la máquina o, lo que sería lo mismo, una automatización de la

7. Éric Sadin, *La silicolonización del mundo. La irresistible expansión del liberalismo digital*, Caja Negra, Buenos Aires, 2018.

vida. Si bien es evidente que la elección se ha acelerado, se debe tener en cuenta que esta se continúa fundamentando en un conocimiento constante de nuestros gustos o, como señalaba Illouz, en una constante introspección de nosotros mismos que nos conduce a no dejar de renovarnos. En consecuencia, la tecnología de la elección ha ido un paso más allá respecto a las sociedades de consumo, al proponernos la pregunta de si queremos el producto que se nos ofrece mientras descansamos en el sofá de casa. Y en esta nueva situación se nos plantea el dilema de si hemos elegido bien o si todavía hay otra posibilidad.

Llegamos así a la conclusión de que la tecnología de la elección no se articula a partir de la satisfacción —nadie queda nunca del todo satisfecho—, sino de la constante renovación y optimización y, por ello, del conocimiento continuado de uno mismo. Ahora, más que nunca, tenemos que ser conocedores de nosotros mismos. Y en esta construcción repetitiva de nosotros, siempre podremos escenificar que la elección no ha sido suficiente y que, en todo caso, es posible perfeccionarla y, por tanto, perfeccionarse. Esta situación es consecuencia del hecho de que, en la dominación por intensidad, las preguntas al «yo» se han acelerado de manera exponencial porque él es quien tiene que llevar a cabo la acción. Las preguntas y, en consecuencia, las opciones se han multiplicado como nunca había sucedido. Se construye una subjetividad que tiene que anticiparse a las posibilidades que se pueden presentar. Tenemos que ser flexibles y polivalentes y buscar, constantemente, nuestra realización. El individuo se encuentra asediado por un mar de preguntas y las respuestas siempre se pueden mejorar cuando llega la siguiente pregunta. La tensión que tiene que soportar el individuo es de naturaleza circular: él mismo se interroga sobre sus gustos, sus elecciones, sus parejas...

En este punto, se hace patente que el problema de Llados no es un problema de lectura, sino que gira alrededor del dispositivo de la elección. Si hace unos años Llados se declaraba seguidor de Marco Aurelio para ser el emperador del siglo XXI y, de un tiempo a esta parte, ha encontrado en el cristianismo la solución a su insatisfacción, no se trata, a parecer mío, de argumentar que habría otra lectura tanto del estoicismo como del cristianismo. No se trata, simplemente, de desacreditarlo, como si la cuestión fuera el acierto o el error en la lectura de los clásicos. Más bien, se trata de preguntarse qué ha encontrado el agitado Llados en estas lecturas. El punto central del youtuber es la comprensión de que el dispositivo de la elección pasa directamente por un agrandamiento del «yo». Es más, Llados entiende que este dispositivo necesita del perfeccionamiento del «yo» y, por esta razón, que las elecciones de objetos son secundarias al ejercicio sobre uno mismo. Parece decirnos: ningún mundo exterior nos salvará; ahora, más que nunca, tenemos que estar atentos a nosotros mismos. Al fin y al cabo, el Llados estoico nos decía que no teníamos que sufrir por las inclemencias del capitalismo contemporáneo ni preocuparnos por sus críticos —todos ellos *losers*—, sino concentrarnos o, como diría un CEO, *mentalizing*. El cambio climático se presenta como demasiado grande y demasiado tarde y, en consecuencia, hay que centrar el problema en aquello que podemos controlar. Y, está claro, todo el mundo o casi todo el mundo puede hacer *burpees* en cualquier lugar o en cualquier momento. Y si el Llados cristiano ha desplazado la riqueza material de la ecuación, ha continuado manteniendo una lógica interior del sacrificio y del castigo sobre el cuerpo que, de hecho, no se aleja mucho de lo que Nietzsche denominaba la moral del rebaño. Ante las mil y una opciones que tenemos delante, el youtuber nos recuerda que lo más importante es concentrarse en los músculos.

Si en Llados todo se fundamenta en esta optimización de la elección que se diferenciaría de la minimización de riesgos del *Homo economicus*, es porque el objetivo es encontrarse a sí mismo ante la avalancha de opciones. Es curioso cómo Llados es consciente de que no se puede controlar todo. Y sabedor del hecho incontestable de que la elección constante nos lleva hacia la desazón contemporánea, da un paso atrás y se busca a sí mismo ante la avalancha de opciones que se presentan. Encontramos en el youtuber una nueva promesa: para dominar la elección, primero te tienes que dominar a ti mismo. Los músculos son lo que tú puedes controlar. El sujeto autónomo de la antropología contemporánea es conocedor del hecho de que no lo puede controlar todo. No es tan estúpido. Sin embargo, cree que mediante un control individual podrá dominar la avalancha social. Es el eterno retorno del individuo, el eterno retorno de lo privado.

Parece evidente, pues, que Llados no es una exterioridad de la sociedad de control, sino la subjetividad grotesca e hiperbólica de nuestro mundo. No se trata de que él vaya por un camino y la sociedad de control vaya por otro. Más bien, es la radicalización de este dispositivo. Y, por este motivo, en él encontramos de manera más evidente lo que, por otro lado, el dispositivo de la elección no hace evidente. Cuando Llados realiza la equivalencia entre su apariencia física y los coches de lujo o las mansiones en Miami, está poniendo encima de la mesa el corazón de esta tecnología: para elegir de nuevo y elegir mejor, primero tenemos que elegir el «yo». Este es el núcleo de la discordancia del youtuber con el control que invierte los términos, dejando, sin embargo, intacto el procedimiento: elegir objetos es elegir el *yo-objeto*. Por este motivo, Llados nos propone una nueva relación ascética con el mundo que pasa por el descubrimiento de que a la elección constante se tiene que añadir toda una tecnología sobre el «yo». Si nos apuntamos a *Llados University* sabremos cómo deshacernos de las cadenas de la elección mediante la concentración —aquí y ahora— en nuestros abdominales. Y, finalmente, deliraremos todos juntos sobre los flujos del capital internacional. Podremos elegir la opción ganadora: estar, finalmente, satisfechos.

En este sentido, Llados presenta el afecto narcisista ante la parálisis agitante. Si la agitación constante conduce hacia un afecto demasiado intenso para poder ser vivido, el youtuber responde con una solución de apariencia simple. Todo el montón de objetos que puedo adquirir no me tiene que distraer del primer objeto de amor que soy yo mismo. En este sentido, el narcisismo se presenta como una *defensa* ante un mundo demasiado grande. Si los sueños apocalípticos eran los sueños de angustia ante la velocidad adquirida, el narcisismo es una respuesta defensiva ante la avalancha de opciones que se nos presentan constantemente. Ahora bien, Llados no tiene el mundo delante. En el aquí y el ahora del youtuber, no hay nada más que un espejo. La promesa de Llados es conseguir separar la subjetividad del mundo, convertirla, como decía Spinoza, en un *imperium in imperio*. Esta promesa de autonomía del sujeto parece que nos dice: al menos, nosotros estamos musculados. Solo recuperando esta libertad interior seremos capaces de afrontar el mundo exterior y sus posibilidades. No obstante, igual que Narciso, Llados corre el riesgo de ahogarse en su propio reflejo.

Si hemos visto que la nostalgia era fruto de un presente secuestrado por la velocidad, topamos ahora con un narcisismo que es fruto, también, de la velocidad aplicada sobre los cuerpos. La arquitectura catatónica de la sociedad de control se presenta como generadora de dos síntomas: la nostalgia y el narcisismo. Cuando el presente, en cuanto que posibilidad de acción y pensamiento genuino, resulta imposible, se produce un repliegue de la subjetividad. En este sentido, tanto la nostalgia como el narcisismo son síntomas de las mutaciones en el sistema de producción y reproducción de la vida. En cuanto síntomas de nuestro tiempo, hay que entender dos cuestiones que, a mi entender, son capitales. Por un lado, cuando decimos narcisismo o nostalgia no solo señalamos dos procesos naturales que tienen que ver, por ejemplo, con la infancia o con la pérdida. Esta hipótesis naturalista nos llevaría, rápidamente, a la conclusión de que se trata de entidades transhistóricas —siempre han estado ahí— y, en consecuencia, no son singulares de nuestro tiempo. Pero el caso es que nos encontramos con una nostalgia y un narcisismo producidos al calor de la dominación por intensidad que produce parálisis. Sería, pues, posible imaginar un mundo poscapitalista donde la nostalgia y el narcisismo formaran parte de la sociedad, pero no sería posible una sociedad poscapitalista donde la hegemonía de estos afectos se declinase de la misma manera que en nuestro mundo. Por otro lado, si son síntomas de nuestro tiempo, no se trata, simplemente, de señalar su potencia o su impotencia. Si la cuestión fuera maldecir nuestra época como una época narcisista y nostálgica, estaríamos cayendo en el mismo problema que Deleuze denunciaba: rehuir de nuestro presente para cantar las alabanzas de un tiempo pretérito —fabril, quizás—, donde no íbamos al gimnasio. De poco sirve culpabilizar. Más bien, se trata de hacer una clínica de la subjetividad para mostrar por qué ahora y no antes la nostalgia y el narcisismo se han convertido en dos pasiones centrales. Se trata de descubrir el hilo que las une y no de maldecirlas, como si la cuestión fuera, simplemente, estar en contra. Un afecto solo se contrarresta con otro afecto más fuerte. Y es por este motivo por lo que, como diría Tronti, nos tenemos que situar *dentro y contra* la catatonia.

5. El fantasma de la autoexplotación

No manejarán más que millones ajenos. A ellos les dejarán algunas migajas, para el *standing*, para las camisas de seda, para los guantes de pecarí ahumado. Tendrán buena presencia. Vivirán bien, comerán bien, vestirán bien.

Georges Perec, *Las cosas*

La deuda no es, pues, una desventaja para el crecimiento; constituye el motor económico y subjetivo de la economía contemporánea.

Maurizio Lazzarato, *La fábrica del hombre endeudado*

En 1965, Georges Perec publicó uno de los mejores escritos de marxismo existencial, la novela *Las cosas*.[1] En esta novela de poco más de cien páginas, Perec recorría los sueños de una pareja de veinteañeros, Jérôme y Sylvie, que formaban parte de lo que, hoy en día, se llama clase media. A pesar del nombre de psicosociólogos, su trabajo no se podía considerar, ciertamente, un oficio. De hecho, se dedicaban a hacer entrevistas a un público mayoritario

1. Georges Perec, *Las cosas*, Anagrama, Barcelona, 1992.

sobre temas variados. Nada muy concreto. Y, sin embargo, mientras se dedicaban a realizar entrevistas que, después, servirían para el mundo de la publicidad, la joven pareja vivía, excitada y esperanzada, la cantidad de *posibles* que amparaba su futuro profesional. Igual que sus amigos, ellos creían que, a pesar de sentirse a menudo atrapados en un sinsentido, podrían vivir muchas experiencias interesantes. No eran naifs; ellos podían ver cómo muchos de sus amigos desaparecían bajo el éxito profesional y, por consiguiente, todo era una cuestión de esperanza. Todo era una cuestión de ir tirando y mantenerse en la rueda. Y mientras esperaban, iban cultivando el arte de adquirir cosas y toda su vida pasaba entre una avalancha de objetos: camisas, corbatas, muebles, lámparas...

La pericia descriptiva de Perec nos permite adentrarnos en la sociedad de consumo de los años sesenta. Sin ni una pizca de moralización recalcitrante o pesimismo, Perec nos acompaña al interior de toda una arquitectura afectiva. Perec no juzga los personajes, no los presenta como autómatas. En su descripción hay dosis de literatura, sociología, ciencia y marxismo, como si para comprender aquel fenómeno naciente nos tuviéramos que deshacer de todos los prejuicios. La fuga de Francia para tentar la suerte en Túnez o la pérdida de los amigos se describe con la templanza y la destreza de un ingeniero. Y para indagar en esta existencia, se tiene que ir con la decidida delicadeza que le permite convertir la literatura en una cartografía de los afectos. La particularidad de la novela radica en la singularidad de la nueva sociedad: no hay castigos, ni patrones malvados, ni padres autoritarios, ni tampoco un rey enloquecido. Todo transcurre con aparente naturalidad.

Al final de la novela, Perec añade un epílogo escrito en tiempo futuro. Parece que el autor lanza la narración hacia delante, y finalmente da una salida a aquella pareja de pequeños burgueses. Pero, incluso en el tiempo futuro, la ilusión y el esfuerzo pasarán a convertirse en desencanto y resignación: «manejarán millones otros». Vivirán bien, irán bien vestidos, no les faltará de nada, pero su vida siempre será una vida dominada por el dinero. A pesar de ser una novela de los años sesenta, *Las cosas* nos proporciona una clave de lectura sobre nuestro presente. Jérôme y Sylvie no son ignorantes, su problema no es un problema de conocimiento. Ellos saben perfectamente lo que hacen, y sin embargo, a pesar de todo, lo continúan haciendo. Nadie los engaña, nadie les promete que, al final, conseguirán vivir una vida liberada del trabajo. Y si no es un problema de conocimiento, es porque se trata de un problema de deseo. La cuestión que se nos presenta es cómo su deseo errático y sin dirección se inserta en la relación salarial, convirtiéndose en el interés por la constante adquisición de objetos. Sin duda, se trata de planteárnoslo como un problema constructivista, es decir, de analizar cómo, poco a poco, el deseo de vivir se inserta en todo un complejo que lo domina y lo produce, generando a su vez nuevas subjetividades.

Y en este punto se ubica la fuerza de la novela, porque cuando miramos de cerca las nuevas subjetividades, el deseo de los personajes nos resulta extraño. Cuando vemos sus actos concretos, sus repeticiones, sus sueños, nos damos cuenta de la singularidad del mundo que describe el autor. Es aquí donde, de la mano de Perec, podemos volver a la «barrera invisible» de Fisher. La expresión de Fisher hacía referencia a las reformas en la educación o en el mundo del trabajo y eran estas reformas las que, con un espíritu constructivista, generaban un tipo de subjetividad muy concreta. Unas reformas silenciosas y acompañadas de una subjetividad que desea el mundo en el cual vive o que, en todo caso, ya le va bien. La particularidad de la «barrera invisible» es la misma que la de los personajes de Perec. Jérôme y Sylvie no están coaccionados por un padre autoritario o por un patrón despiadado. Ellos consienten una situación en la cual, paradójicamente, sienten una desilusión e intuyen una dominación. Como señalaba Virno, están marcados por una impotencia. Al fin y al cabo, la «barrera invisible» es aquel espacio donde consentimos sin ninguna aparente coacción, donde hacemos nuestras las condiciones de existencia dadas. La fuerza de la novela de Perec es mostrarnos cómo, a partir de la «barrera invisible», se va construyendo esta nueva subjetividad. Cómo se desarrollan sus alegrías y sus dramas. Si, hasta ahora, hemos recorrido dos síntomas de la *parálisis por agitación* —nostalgia y narcisismo—, ahora hay que llevar a la catatonia hacia sus condiciones de posibilidad, es decir, desanudar el mecanismo de agitación que nos lleva hacia una parálisis. Y, por ende, desanudar como este consentimiento encarna, también, una coacción, a pesar de que esta no se presente bajo la forma clásica de la prohibición.

Entonces, nuestra pregunta se centra en el funcionamiento: ¿cómo funciona el consentimiento de la situación dada? En el libro *Capitalismo, deseo y servidumbre*, Frédéric Lordon abre la puerta a toda una analítica de la arquitectura libidinal del capitalismo.[2] El filósofo y economista francés nos presenta lo que podríamos denominar una *geología del capitalismo*, es decir, el conjunto de estratos que nos llevan del capitalismo industrial hasta el capitalismo posfordista. Parece evidente que, en el transcurso de la historia, la dependencia de los individuos a la empresa co-

2. Frédéric Lordon, *Capitalismo, deseo y servidumbre. Marx y Spinoza*, Tinta Limón, Buenos Aires, 2015.

lectiva ha ido sufriendo grandes dosis de despersonalización. Se pasó de la dependencia personal del señor feudal a una dependencia menos personal en la fábrica, es decir, una dependencia de la relación salarial que, en el caso de la sociedad fabril, todavía conservaba muchos elementos personalistas: el patrón y el padre. Ahora, sin embargo, ante el constructivismo de la sociedad de control y del neoliberalismo, la dependencia pasa tan desapercibida que, igual que los personajes de Moretti, acabamos por hacer de nuestras actitudes un problema personal y no político. A mi entender, la constitución del *fantasma de la autoexplotación*, que vendría a reducir todos nuestros malestares a una cuestión de «saber sobre nosotros mismos» —como pronostica Llados—, responde a la progresiva despersonalización de la dependencia. Por un lado, en el espíritu constructivista se disimulan más que nunca las condiciones de nuestra dependencia y, por lo tanto, de nuestra dominación. Por otro lado, en esta invisibilidad se enarbola la bandera de Telémaco, que nos dice: necesitamos más autoridad, necesitamos que vuelva papá. De hecho, toda esta situación se tiene que analizar a partir de la *heteronomía de la dominación* y no de la autonomía de la voluntad. Es decir, no se trata, en ningún caso, de un problema personal o reductible a la cultura, sino de un problema que embiste la misma materialidad del mundo. En este sentido, la novela de Perec nos permite ver, al mismo tiempo, el drama personal de los personajes y la arquitectura de esta nueva sociedad. Una arquitectura que, ya en los años sesenta, quedaba disimulada bajo una aparente naturalidad y espontaneidad de las relaciones.

Desde este punto de vista, el primer problema del capitalismo es conducir el deseo en una empresa colectiva, es decir, conducirlo a la producción de capital. Para que mi deseo sin dirección o, si se prefiere, errático encuentre un objeto, el deseo se produce en la empresa del dinero. Se puede decir que se traduce el deseo en el interés de adquisición del dinero: desees lo que desees, el dinero es el elemento dominante por el que tienes que pasar y, por ende, tienes que *hacer para él*. La relación salarial es, pues, una relación de dependencia que convierte el dinero en el signo de nuestra dominación. Y pasamos así de una *dependencia personal* —dependencia del amo, del señor feudal— a lo que, de la mano de Marx, podemos denominar una *dependencia objetiva* —el amo dinero, la relación salarial—.[3] Ahora bien, para que el deseo se inscriba en la relación salarial, hay que tener presente siempre un punto:

> Uno se avergüenza un poco de tener que recordar la evidencia tan trivial, y sin embargo es necesario, en tanto que las fabricaciones contemporáneas a base de «enriquecimiento del trabajo», de «gerenciamiento participativo», de «autonomización de las tareas» y otros programas de «realización personal», acaban por hacer olvidar esta verdad primera de la relación salarial, que es en primer lugar una relación de dependencia, una relación entre agentes en la cual uno de ellos posee las condiciones de la reproducción material del otro, y que ese es el fondo inamovible, el segundo plano permanente de todo lo que podrá elaborarse por encima.[4]

Fijémonos, por un momento, en esta relación de dependencia que a menudo se nos olvida. Es evidente que encontramos en el dispositivo de la elección frenética uno de los elementos del ca-

---

3. Carol C. Gould, *Ontología social de Marx. Individualidad y comunidad en la teoría marxista de la realidad social*, FCE, México D.F., 1983.
4. Lordon, *op. cit.*, pág. 29.

pitalismo contemporáneo. También es evidente que ha habido mutaciones en la ética del trabajo y que, en nuestro tiempo, hemos podido ver cómo se pasaba de la ética protestante a, si se me permite el juego, una ética delirante en el trabajo. No obstante, todas estas expresiones funcionan como el envoltorio de aquello que, en su momento, Marx denominó la desposesión: «Ocurrió así que los primeros *acumularon riqueza* y los últimos acabaron por no tener nada que vender excepto su pellejo».[5] Cuando en *El capital* Marx nos presenta la *acumulación originaria del capital*, no solo nos presenta cómo y cuándo se llevó a cabo la violenta y necesaria expropiación para hacer nacer el capitalismo. No se trata, simplemente, de un problema cronológico. Más bien, lo que nos presenta Marx es la *condición de posibilidad* de nuestra experiencia histórica.

Ahora bien, ¿cómo hemos llegado hasta el punto de delirar alrededor del trabajo? Para adentrarnos en esta nueva atmósfera, hay que ir paso a paso. En un primer momento, la relación salarial señala una dependencia creada al calor de la desposesión. En esta arquitectura afectiva, la vida siempre estaba «más allá», es decir, en los momentos de no trabajo. Y la coacción era una forma de dominación sobre el cuerpo extensivo y sus movimientos. Así pues, se consentía aquella relación gracias a toda una retahíla de valores como, por ejemplo, la obediencia o la normalidad. Topamos así, de nuevo, con la sociedad disciplinaria. A pesar de todo, esta sociedad disciplinaria todavía no tenía el elemento que describe la novela de Perec. Al enrolamiento del deseo en la relación salarial, le sigue el consumo. La sociedad fordista ya incluye

---

5. Karl Marx, *El capital. Crítica a la economía política* (vol. 1), Siglo XXI, México D.F., 2017, pág. 807.

el consumo como elemento que vehicula el deseo. En consecuencia, ahora podemos afirmar que el problema de la novela de Perec no se apoya en una reflexión general sobre la relación del humano con las cosas, como si el autor nos explicara que, a lo largo de la historia, los humanos siempre hemos necesitado las cosas. Más bien, se trata de una reflexión concreta sobre la producción de una avalancha de cosas en nuestro mundo y cómo esta nueva situación genera cambios en la subjetividad y, por ende, en la posición de la coacción y del consentimiento. El punto interesante es ver cómo esta sobreproducción es, al mismo tiempo, la *producción de una falta*.

El consumo produce, pues, otro estrato en el enrolamiento del deseo. A la desposesión y la relación salarial, se añade una avalancha de mercancías para consumir. En este sentido, se busca perfeccionar la dominación. Si la coacción disciplinaria en la relación salarial producía un sistema de dominación mediante la obligación y la negación —el «no» es la palabra del patrón—, con la introducción del consumo se consigue poner de manifiesto un sistema de dominación donde se crean las condiciones de un nuevo consentimiento. Trabajo, pero ahora la vida no está en el «más allá», sino fuera de la fábrica o, si se prefiere, en el centro comercial. Esta es la situación de Jérôme y Sylvie; a pesar del trabajo, se podrá retribuir un poco de placer en el consumo. Y es en este punto donde la falta se organiza: cuantas más horas dedicamos a vender la fuerza de trabajo, más perdemos y más intentamos recuperarlas de la única manera que podemos, es decir, consumiendo. Sin embargo, en el consumo no se suturan ni la desposesión ni la relación de dependencia salarial.

El punto interesante es, pues, ver cómo esta sobreproducción de mercancías es, al mismo tiempo, la producción de una falta. Con el consumo se añade una nueva capa que se vehicula, de nuevo, con el dinero como elemento de dominación. Vemos, pues, que el problema no es que la sociedad de consumo sea una sociedad del deseo, mientras que en algunas fases anteriores del capitalismo el deseo no tenía cabida. De hecho, ambas fases del capitalismo han generado consensos y consentimiento y, por tanto, el punto es ver que la sociedad de consumo construye una nueva situación que reformula la posición de la coacción y del consentimiento. En la sociedad del consumo, lo que ha cambiado es la sofisticación de la dominación en el consentimiento: el trabajador que consume encuentra mayor placer y, por tanto, la coacción disciplinaria va perdiendo la centralidad. Ahora bien, se tendrá que disciplinar al consumidor, conducir de nuevo el deseo en el interior del consumo. La posibilidad que inaugura el fordismo empieza a plantear nuestro problema actual. En el corazón del consumo, existe la intuición de que la dominación extensiva, aquella coacción disciplinaria que quería producir cuerpos iguales, podrá dejar paso a una nueva forma de gobierno. Igual que sucedía con los personajes de Perec, el consumidor podrá expresarse mediante la adquisición de una avalancha de cosas y, por lo tanto, la coacción disciplinaria no podrá ir contra esta nueva capa de enrolamiento del deseo. ¿Para qué uniformar los cuerpos cuando se tienen que expresar en el consumo?

Llegamos al momento neoliberal o, si lo preferimos, a las sociedades donde la dominación parte del control. En nuestro presente, ante la adhesión de los cuerpos a la empresa capitalista y la gradual despersonalización de la dependencia, nos encontramos con el fantasma de la autoexplotación, que puede plantearnos la hipótesis de que somos zombis del capital. La ociosa aristocracia y la medida del *Homo economicus* parecen haber dado paso a una desmesurada pasión por dejarnos la piel entre trabajos y proyectos y, por tanto, se fomenta la idea de una automatización de la vida en el capital. Esta idea podría denominarse la *hipótesis zombi*. Uno de los ejemplos de esta hipótesis es la discusión entre Mark Fisher y Nick Land. El filósofo y cofundador del CCRU (*Cybernetic Culture Research Unit*) nos presenta el capitalismo como elemento de producción liberada, inmanente, depurado y acelerado, un, a pesar de la aporía, estado natural de nuestra época. Durante una entrevista en 2010, Fisher recuerda que esta caracterización del capital resulta ajena a la experiencia que él tuvo como profesor.[6] Ahora bien, ¿qué nos quiere decir Fisher? Pongámoslo, pues, en los términos que hemos utilizado hasta ahora. Si en el capitalismo actual ya no hay un patrón, un padre, un jefe que nos fustigue, a menudo caemos en la idea de que «nosotros somos el capitalismo», de que, al fin y al cabo, nos autoexplotamos. O, todavía peor, en la idea de que, como Telémaco, necesitamos que el padre vuelva para liberarnos. Si nos centramos en la autoexplotación, esta idea nos conduce hacia la hipótesis de que somos zombis que trabajan 24/7. Y es justamente esta hipótesis la que Fisher contrasta con su experiencia como profesor. Ahora más que nunca el neoliberalismo genera toda una burocracia que se centra en controlar nuestras acciones, es decir, *construye una situación*. Por lo tanto, lo que Fisher señala es que, a fin de cuentas, la coacción continúa existiendo y que, en consecuencia, cuando pensamos que el capitalismo actual se une con la vida, es porque no tenemos en cuenta el nuevo rol de la coacción. No sabemos dónde apuntar ni, tampoco, a qué «reloj disparar». Más

6. Mark Fisher *K-Punk - Volumen 3. Escritos reunidos e inéditos (reflexiones, «Comunismo ácido» y entrevistas)*, Caja Negra, Buenos Aires, 2021, págs. 159-161.

allá de Nick Land, esta hipótesis se desarrolla bajo la premisa de que, hoy en día, el trabajo ha invadido el espacio de realización de nuestra vida. Como hemos señalado, la ociosa aristocracia o la medida del pequeño empresario han dejado paso a una desmesurada pasión por el trabajo. Así pues, vemos cómo, a diferencia de antes, hay una pasión para la «realización personal» en el trabajo. Es evidente, pues, que nos hallamos en una fase donde el cara a cara con el capital parece más difícil. De hecho, esta nueva situación produce, además, una *performance* del trabajo, es decir, una exacerbación del valor del trabajo. Incluso, entre las capas más altas de la sociedad, se debe buscar la realización en el valor del trabajo. Para comprender esta situación, tenemos que ir, como Perec, paso a paso. Debemos mostrar cómo, en realidad, en esta nueva situación no ha desaparecido la coacción, sino que se ha construido una situación que es la misma coacción.

Al enrolamiento del deseo en la relación salarial se añade la capa del consumo y, en el neoliberalismo, se edifica una nueva situación y, por lo tanto, una nueva subjetividad: el sujeto autónomo, polivalente, flexible, etcétera. En el momento del cambio, la pericia constructivista tenía que reformar tanto la función del Estado como la función del individuo. Todas estas reformas que han promocionado la naturalización del capitalismo parten de un presupuesto simple y eficaz: la vida no tiene que estar asegurada. Ya no se trata, como en la sociedad fordista, de adquirir una buena posición en el mundo laboral o de poder consumir, sino de la continua revisión de la posición laboral y del poder de consumo. Se genera así una constante producción de protocolos, de burocracia, que, al fin y al cabo, provoca que incluso aquellos que tenían una posición asegurada, se encuentren sometidos a examen. Para que la compulsión a la elección funcione, se tiene que construir este nuevo campo de juego social, como diría Bourdieu, y para construirlo se trata, como señala Lazzarato, de *fabricar al hombre endeudado*.[7]

De nuevo, no nos encontramos con una falta natural o propia de nuestra psicología, sino con una *falta producida*. Tampoco nos encontramos con una compulsión a la elección como problema natural o psicológico del ser humano, sino con una deuda producida que encuentra en la elección su solución. Así, podemos afirmar que la deuda es el enrolamiento del deseo en el neoliberalismo. En primer lugar, debemos tener en cuenta que la deuda no es privativa para el funcionamiento del capitalismo —si hay deuda, nada funciona—; todo lo contrario, es positiva tanto en el nivel de la subjetividad como en el nivel de la llamada economía. Como ya habíamos señalado de la mano de Deleuze, la deuda es la postergación indefinida, es decir, una estructura afectiva que el filósofo francés entendía como el «no poder acabar nunca nada». Y, por otro lado, la consecuencia de la postergación indefinida es un presente secuestrado bajo la agitación de tener siempre una tarea por hacer o por acabar. Nos comprometemos con continuar formándonos, con continuar realizando experiencias, con continuar eligiendo y perfeccionándonos. Por este motivo las condiciones temporales de la deuda hacen que se reduzca el futuro a las condiciones de un presente agitado. Imposible imaginar mientras el presente se ha convertido en la pesadilla proyectada al futuro de una deuda insalvable.

En este sentido, la deuda se presenta como la promesa del deudor de pagar con dinero al acreedor. Desgraciadamente, el di-

---

7. Maurizio Lazzarato, *La fábrica del hombre endeudado. Ensayo sobre la condición neoliberal*, Amorrortu Editores, Buenos Aires, 2013.

nero equivale a nuestra vida. Y bajo la promesa de que algún día dejaremos de pagar, la vida se dirige inexorablemente hacia el mandato de mejorarnos, formarnos, trabajar más y mejor. Como ya señalaba Nietzsche, la relación entre acreedor y deudor no es un intercambio entre dos individuos, sino el signo de una dominación.[8] El dominado se encuentra entre la promesa por el compromiso adquirido y la esperanza de saldar la deuda, mientras que, al mismo tiempo, cultiva la culpa de continuar vivo y endeudado. El Dios sacrificial que nos inculcaba esta obligación de la promesa ha dejado paso a la empresa sacrificial que nos inculca grandes dosis de mala conciencia. Estamos obligados a prometer que continuaremos aquí, que continuaremos remando, aunque el barco se hunda. Que, en definitiva, todo lo que hacemos, lo hacemos porque queremos. Es menester darse cuenta de que con la deuda no nos encontramos ante un intercambio —venta o compra—, sino ante la estructuración constante de nuestra subjetividad. Más profundo que cualquier ideología del trabajo, el mecanismo de la deuda se propone como un contraer la deuda para vivir: ¿quiere usted continuar vivo?, ¡yo tengo la solución!

Llegamos, entonces, a un punto capital del argumento. Por un lado, ahora se hace evidente que en la estructuración de la deuda se inserta el deseo en la promesa de la empresa. El empresario de sí es el hombre endeudado. Por otro lado, la estructura temporal de la deuda es secuestrar el presente mediante la agitación. Entonces, nuestro problema no es ni con el futuro ni con el pasado, sino con el presente entendido como la acción genuina que se pueda deshacer de este mecanismo. Por este motivo, he-

8. Friedrich Nietzsche, *De la genealogía de la moral*, Tecnos, Madrid, 2024.

mos podido ver que tanto el nostálgico como el narcisista respondían a esta misma atmósfera de época: ambos tenían un problema con el presente en cuanto que poder hacer. Aun así, hay que recordar que el hombre endeudado está construido, es decir, que la deuda se construye como una manera de insertar el deseo en la promesa de la empresa. El neoliberalismo es lo contrario, de nuevo, de una fiesta. Al final, el capitalismo detesta el deseo y, por este motivo, lo inscribe en una empresa, dándole así una dirección que lo pueda controlar. Ante la intensidad de la elección, la subjetividad no podrá dar ningún paso. Nunca estará aquí y ahora. Siempre estará allá y después. Se producirá de este modo un efecto catatónico en la subjetividad contemporánea: *parálisis por agitación*.

Es aquí donde, de nuevo, topamos con el control. Escapamos de las brasas de la disciplina para caer en las brasas del control. Como hemos señalado, el control funciona mediante una dominación por intensidad y esta dominación es la parte coactiva del constructivismo del neoliberalismo. Para llevar a cabo el objetivo de generar el *ser humano-empresa*, no se tienen que abatir solo los beneficios del estado del bienestar. Se tienen que producir unas condiciones de posibilidad que, al final, permitan que el deseo se mueva en una determinada dirección. Con la destrucción de la sanidad pública será necesario contratar una mutua privada, que, si tienes dinero, te permitirá saltarte meses de espera. El neoliberalismo sabe que se tiene que dar siempre un camino al *enemigo-deseo*. Ahora bien, darle una salida no es liberarlo. En el camino se aplicarán las técnicas del control. Ahora más que nunca, no es necesaria una disciplina que normalice el cuerpo, sino una disciplina que controle las capacidades intrínsecas del cuerpo: la velocidad, la flexibilidad, la fuerza, la concentración, la resistencia, etcétera. En este contexto, los cuerpos depresivos son el síntoma de esta nueva forma de coacción que se desarrolla en la intensidad. La plebe de los depresivos aumenta con cada paso que da el control. Y, por este motivo, son relevantes políticamente.

El trabajador ya no es el comedido hombre de negocios, sino que tiene que ser un ganador. Ya no es aquel que cumple meticulosamente con su horario, sino aquel que es capaz de hacer más con menos tiempo. El reloj ha perdido sus horas. El mérito no es la constancia, sino la eficiencia. Lo que nos tendríamos que plantear es: ¿dónde se encuentra la salud y dónde se encuentra la enfermedad en esta disposición de elementos? En el enrolamiento del deseo en la empresa, el capitalismo actual produce un nuevo corte de interés que, sin duda, produce enfermos: depresivos, *workaholics*, nostálgicos, etcétera. Y si Lenin hizo su corte —clase obrera y clase burguesa—, el neoliberalismo produce un nuevo corte entre dos nuevas clases sociales, la de los ganadores y la de los perdedores. Construye las condiciones para que aceptemos que, en definitiva, nos merecemos lo que nos pasa. Y así ganadores y *losers* son las dos clases sociales en la sociedad del mérito del neoliberalismo: la primera es la de los que aguantan la presión superándose a sí mismos y la segunda es la de los que se rompen y no aguantan la presión. Una guerra de clases de posiciones intercambiables donde construir el consentimiento es, como diría Lordon, «producir el amor de los individuos por la situación que se les fabrica».[9]

9. Lordon, *op. cit.*, pág. 114.

6. Salida a la servidumbre voluntaria

> No se trata de libertad por oposición a sumisión, sino solamente de una línea de fuga; o más bien, de una simple salida.
>
> Deleuze y Guattari, *Kafka. Por una literatura menor*

> Yo soy el monstruo que se levanta del diván y toma la palabra, no como paciente, sino como ciudadano y como vuestro semejante monstruoso.
>
> Paul B. Preciado, *Yo soy el monstruo que os habla*

Nos levantamos a las siete de la mañana. Trabajamos de manera desmedida para conseguir dinero o éxito personal. Estudiamos carreras y másteres para mejorar nuestra posición social. Elegimos los trabajos según el capital cultural que podamos adquirir para reinvertirlo en el siguiente trabajo. Y escribimos, como Juan Evaristo Valls Boix, para «los emprendedores, para los que persiguen sus sueños y quieren superarse, para los que van más allá y lo tuitean».[1]

---

1. Juan Evaristo Valls Boix, *Metafísica de la pereza*, NED, Barcelona, 2022, pág. 19.

En toda esta atmósfera, no hay ningún *padre padrone* que nos prohíba hacer o decir algo. Solo hay un mundo construido para que continuar existiendo implique discernir constantemente entre un gran número de opciones.

Es así como, ante las infinitas posibilidades, vamos de una cosa a otra, consintiendo un mundo que se nos presenta como un conjunto infinito de recursos entre los cuales nosotros tenemos que escoger cuáles son, como diría la autoayuda, nuestras *personas vitamina*. En este mundo nuestro, tenemos que estar constantemente en tensión y esta tensión acaba produciendo una parálisis de la experiencia o, en palabras de Benjamin, un empobrecimiento de la experiencia. Nuestra parálisis es la de Rose, fruto de una agitación que desborda cualquier acción genuina. Ahora bien, se nos plantea un problema que, como decían Deleuze y Guattari, es el problema de la filosofía política. Si somos nosotros quienes nos levantamos por la mañana, quienes nos dejamos la piel, ¿significa que nosotros queremos el capitalismo?, ¿somos nosotros quienes queremos nuestra servidumbre a la empresa del capital? Más allá de definir el consentimiento como el amor por la situación dada, se trata de plantearnos la pregunta que Étienne de la Boétie, Spinoza o Wilhelm Reich se planteaban: ¿cómo es que luchamos por nuestra sumisión como si se tratara de nuestra libertad?

En nuestras sociedades el consentimiento se ha convertido en un concepto central tanto en la discusión filosófica como en la materialidad del mundo. Si bien la sociedad disciplinaria también soñaba con construir cuerpos que consintieran, su pretensión era la construcción de *cuerpos iguales* que funcionaran de manera intercambiable en, por ejemplo, la cadena de producción. Por lo tanto, la coacción se presentaba como una obligación de seguir la norma. Se puede afirmar, entonces, que la pretensión de la sociedad disciplinaria daba a la coacción una forma menos sofisticada, en el sentido de que el molde de la disciplina se tenía que aplicar en todos los cuerpos por igual. En cambio, con las sociedades de control se coacciona no bajo una forma concreta y trascendente —el alumno, el preso, el loco, la mujer, etcétera—, sino bajo una aplicación de intensidad que arremete a la formulación general de: ¿qué puede soportar un cuerpo en la empresa? Para que la pregunta se pueda responder a la luz del control y la empresa, el individuo tiene que consentir más que nunca la situación que se ha fabricado. El jefe no puede tener una idea por ti, eres tú quien tienes que ser creativo para la empresa. Entonces, se evidencia que el capitalismo actual se ha convertido en una maquinaria donde el cara a cara es más complicado: ya no se trata de rebelarme frente a la coacción del patrón en la fábrica o del padre en casa. Además, si el control se fundamenta más en el consentimiento, también se tiene que producir un mayor *consenso*, si se quiere decir con Gramsci, o un mayor *realismo*, si se quiere decir con Fisher. Se tiene que mostrar la situación dada como propia del sentido común y, por lo tanto, generar adhesión a la situación.

En consecuencia, asistimos a lo que podríamos denominar una *generalización* del concepto del consentimiento. Si en sus cursos de los años setenta, Foucault nos enseñaba, con el famoso panóptico, que había formas que se generalizaban y que, de repente, servían como solución para muchas instituciones —la forma-panóptico devenía la forma del psiquiátrico sin psiquiatras—, ¿no podríamos entender que con el consentimiento ha sucedido algo similar? El consentimiento, hijo del contractualismo filosófico, presupone, pues, el encuentro entre dos individuos libres y autónomos que se adhieren libremente a una situación determinada. De aquí se derivan todos esos callejones sin salida de la filosofía política moderna, donde se tenía que establecer un *estado de naturaleza* previo a la sociedad desde el cual había la posibilidad de consentir libremente porque, en la sociedad, no era evidente. La forma general del consentimiento podría ser reducida a «¿usted permite esta situación?». Y esta pregunta se ha alargado desde el marco político y jurídico, pasando a la ética y el psicoanálisis, hasta llegar a las relaciones sexuales.

En esta generalización, se debería tener en cuenta que, para que el dispositivo de la elección constante funcione, el debate del consentimiento no puede ser entendido, simplemente, como un debate alrededor de la posibilidad de decir sí o de decir no, sino como *la forma de la subjetividad catatónica*. Desde el contrato de trabajo, pasando por los bonos hipotecarios hasta las relaciones sexuales, ¿usted consiente o no?, ¿usted ha respondido sí o no? Una vez que se ha traspasado el umbral de la disciplina, la mejor forma de iluminar al sujeto contemporáneo es el consentimiento. Así pues, aquel que permite o acepta la situación dada es el personaje de nuestra época. A partir de esta generalización, lo que resulta imperioso es pensar qué tipo de sociedad nos plantea *la sociedad del consentimiento* y la hipótesis es que se trata de una sociedad de individuos —átomos separados entre sí— que, en su autonomía, se ven empujados a consentir o, si se prefiere, a expresarse.

Para hacer funcionar el imperativo de la expresión y de la excelencia, el individuo se tiene que mover no bajo el látigo del reloj sino por él mismo. Tiene que consentir la situación dada. Debe motivarse a sí mismo, no se tiene que mover por otros, sino que debe ser, como diría Lordon, un *automóvil*, es decir, debe tener la capacidad de hacer porque se tiene que hacer y no porque alguien se lo diga. Por esta razón, la legislación educativa está obsesionada con las repeticiones: *aprender a aprender*. Cuando se dice que el alumno tiene que lograr competencias o que tiene que «aprender a aprender» se está señalando que no tiene que aprender por otro sino que tiene que aprender por sí mismo y, al mismo tiempo, tiene que consentir la situación que ha creado el profesor y, por lo tanto, los contenidos y los valores de esta.

En su libro *El sentido de consentir*, Clara Serra despliega una genealogía alrededor del debate del consentimiento en el feminismo contemporáneo, llevando el consentimiento hasta sus propias aporías.[2] La fuerza de este libro radica en mostrar cómo el concepto del consentimiento en el ámbito sexual no es nada evidente. La autora nos presenta dos posturas que parecerían contradictorias. Existiría el camino emprendido por posiciones como las de Catherine MacKinnon, que declinan cualquier subjetividad liberal a favor de la idea de una alienación completa de la mujer en el heteropatriarcado. Esta posición gira alrededor de la alienación y acepta la idea de que no habría ninguna posibilidad de un sí o uno no auténtico o, lo que sería lo mismo, que en el mundo actual ninguna acción es propia. La autora nos muestra como esta posición conduce hasta un callejón sin salida en lo teórico que no es menor. Según las perspectivas que describe la autora, el hecho de estar alienados por unas estructuras sociales hace que sea imposible el consentimiento y la solución se convierte en: si tú no puedes decir que no, ya lo diré yo por ti o, en todo caso, ya diré yo que sí. A la tutela de lo que la autora denomina un «despotismo ilustrado feminista» se contrapondría un «empode-

2. Clara Serra, *El sentido de consentir*, Anagrama, Barcelona, 2024.

ramiento *selfish*» que conoce sus deseos y que hace del consentimiento una acción clara y distinta, hija de la voluntad. Esta segunda posición respondería a la tradición liberal o neoliberal que, con su transparencia, es capaz de decirnos que un «sí es sí» y un «no es no». En este contexto, las mujeres se encontrarían en la aporía producida por lo que podríamos denominar un choque disciplinario sin aparente solución: completamente alienadas y, por tanto, necesitadas de una tutela o completamente libres y, en consecuencia, sin ningún problema.

Lo más curioso de ambas posturas no son, simplemente, sus diferencias sino su profunda cercanía, que al final las acaba haciendo complementarias. Tanto las posiciones liberales como las antiliberales, por parte de Serra, se mueven en una oposición binaria entre la libertad y, su contrario, la sumisión. En esta oposición, el consentimiento como acto propio naufraga en la falsedad absoluta de una alienación que lo convierte en imposible. Si ambas posiciones son complementarias es debido a la obsesión por un acto completamente propio o, lo que sería lo mismo, por el consentimiento pleno; las liberales dicen que es posible un acto propio, las antiliberales dicen que es imposible, y nadie discute sobre las *condiciones concretas* de la determinación. Todo está impregnado de un universalismo que convierte a ambas posturas en inoperantes. De hecho, se podría reducir el debate a un «o todo o nada» y, por tanto, a una oposición entre «o libertad o sumisión». Y la pregunta tendría que ser: ¿estar determinados por la parálisis agitante impide cualquier acción genuina?

En este debate sobre el consentimiento en el marco del feminismo, se puede observar que tanto Serra como Clotilde Leguil quieren desplazar el consentimiento de este callejón sin salida que lo conduce a escorarse entre dos extremos. Quieren arrancar el consentimiento de la cesión que haría de nuestra voluntad una simple facultad esclerótica, pero también de una voluntad transparente que sabría lo que desea. En la formulación ética del consentimiento, Leguil lo conduce hacia la aventura y no hacia el reencuentro con uno mismo: «El consentimiento comporta un elemento de enigma, de desposesión de sí, que va acompañado de una ignorancia extrema acerca de lo que se consiente».[3]

Si en este debate se hace imposible observar las condiciones concretas de la alienación, es porque no se tiene en cuenta que, como diría Spinoza, *nadie puede reivindicar ninguna acción como plenamente suya*. Ineludiblemente, nuestras acciones son nuestras —somos nosotros los que nos levantamos a las siete de la mañana—, pero se deben a un conjunto de determinantes externos y no a nuestra bendita voluntad. Que se deban a causas externas no quiere decir, tampoco, que nosotros seamos autómatas o zombis del capital, sino, más bien, que la explicación de estas acciones no la encontraremos ni en la existencia de un espacio libre y autónomo, como querrían los que reivindican un consentimiento libre, ni en un espacio determinado y totalizante, como querrían los que reivindican la imposibilidad de la libertad. Si, por tanto, nuestras acciones siempre se deben a causas externas, el problema nunca ha sido el individuo, ni tampoco la sociedad, sino el *dualismo* del individuo y la sociedad. Este dualismo, hijo del gran dualismo entre el dentro y el afuera —como decía Kant, la ley moral dentro de mí y el cielo estrellado sobre mí—, produce todo un conjunto de dualismos: el sujeto y el objeto, la libertad y la determinación, la cultura y la natura, etcétera. Es esta ma-

---

3. Clotilde Leguil, *Ceder no es consentir. Un abordaje clínico y político del consentimiento*, NED, Barcelona, 2023, pág. 39.

nera determinada de pensar que opone dos esferas puras la que nos conduce hacia los callejones sin salida de un consentimiento o como alienación totalizante o, por otro lado, como pura transparencia de nuestra libertad. Y es en este punto donde, como señalan Deleuze y Guattari, la cuestión más relevante de la libertad es que no la tenemos que oponer a la sumisión. Hay que volver a Lordon, a Spinoza y a Deleuze y Guattari, y dejar constancia del hecho de que este dualismo entre individuo y sociedad se apoya en una *metafísica subjetivista* que vendría a decir: el ser humano es libre, es un *imperium in imperio*. Y, por tanto, lo que está determinado es todo aquello que hay fuera de su espíritu: el objeto, la naturaleza, la sociedad y el capitalismo. Toda metafísica subjetivista tendrá que pensar mediante la oposición entre la libertad del mundo interior y el determinismo del mundo exterior. Sea el demonio de la conciencia de Descartes o el demonio de la natura de Laplace, ambos se nos presentan como los extremos del mismo bastón: libertad o determinación.

Topamos, entonces, con el oxímoron de la servidumbre voluntaria. Que tanto la servidumbre como la libertad dependan de nuestra voluntad presupone un espacio de autonomía y, por tanto, de indeterminación llena de voluntad. Presupone que, si yo quiero, puedo ser siervo o, por otro lado, que, si yo quiero, puedo ser libre. Al fin y al cabo, ¿no es esta la formulación filosófica de Llados? Solo hay que saber cómo para dejar de ser mileurista. Ahora bien, si no oponemos la libertad y la determinación se produce un cambio de sentido tanto de la libertad como de la determinación. El punto ya no es pensar en la afirmación o la negación de un espacio libre y autónomo, sino pensar cómo, concretamente, se construye un espacio de agencia y de acción a partir de la determinación. Efectivamente, *somos libres porque estamos deter-*

minados. La libertad ya no será la hija de una voluntad omnipotente y la determinación ya no será la totalidad que no deja nada fuera. Nuestra servidumbre será la servidumbre de los encuentros y nuestra libertad será la capacidad de hacer a partir de estos encuentros. Una manera de pensar que se encuentra en las antípodas del dispositivo de la elección, y que también está en las antípodas de la soberbia de la conciencia que dicta: hay alguien que conoce la libertad —siempre hombre, blanco y occidental— y alguien que la desconoce por completo —por ejemplo, una mujer musulmana con velo—. De hecho, lo podríamos decir de la siguiente manera: no se trata de un problema de conocimiento porque, por mucho que conozcamos el capitalismo, nosotros formamos parte de él y, por tanto, seremos siervos de la relación salarial en la cual se inscribe nuestro deseo. Se trata, pues, de un problema político que no recae sobre el simple conocimiento de las causas de la explotación, y tampoco únicamente sobre la toma de conciencia, sino que también lo hace sobre la capacidad de poner un pie tras otro. Ante la decepción de todos aquellos que conocen mejor que nunca las causas de la explotación capitalista y patriarcal y que ven cómo, a pesar de todo este conocimiento, la situación se continúa reproduciendo, solo puedo afirmar que se hace una demanda injusta al conocimiento y a la conciencia. Una demanda injusta que solo puede ser hija de esta metafísica subjetivista que cree que, si sabe y quiere, puede.

Estamos determinados en la medida en que, como diría Spinoza, nuestra servidumbre es nuestra impotencia para dirigir o reprimir nuestros afectos. No existe ni una conciencia ni un conocimiento que pueda liberarnos de esta servidumbre, y lo que se nos promete en la sociedad actual es la irrealizable tarea de no ser siervos de nuestros afectos, de poder desplegarnos en la infinitud de la elección y, finalmente, controlarnos. Topamos, entonces, con una de aquellas verdades que, como decía Lordon, dan vergüenza: como siervos de nuestros afectos, para vivir en este mundo nos tenemos que situar en relación con el dinero. La institución de nuestro deseo en la parálisis agitante hace que nos veamos en la situación de levantarnos a las siete de la mañana, de elegir más y mejor, de estudiar un máster de más y de rentabilizar nuestra experiencia. Nuestra voluntad individual no puede evitar la institución en la cual se encuentra, pero, en cambio, sí que puede responder. De este modo, la *parálisis por agitación* se presenta como una máquina que nos construye un mundo en el cual nos encontramos entretenidos en unas elecciones que impiden cualquier acción genuina. Y se agota dicha acción cuando la cuestión no es estar, como en la sociedad disciplinaria, obligados a seguir un mandato concreto, sino consintiendo las opciones de un campo de juego. Por otro lado, nos damos cuenta de que el problema de no poder llevar a cabo ninguna acción genuina se refiere a una determinada *institución de la vida* que implica concebirla como una empresa. Agitados en la maximización de la elección, los afectos resultan demasiado grandes para poder vislumbrar la alternativa y, por tanto, nos paralizamos en el sentido común de nuestra época. Nostálgicos, narcisistas, apocalípticos o depresivos, son todos hijos de la misma parálisis.

Si el hecho de levantarnos a las siete de la mañana para ir al trabajo tiene que ver con la política de la vida, la pregunta ética es: ¿qué significará una libertad en este campo de juego catatónico? Sin duda, la cuestión no será una alienación totalizante ni, tampoco, una transparencia del consentimiento. Ni lo hacemos porque queremos, ni nuestra voluntad es siempre falsa. En 2022, Laura Llevadot publicaba un libro que tenía como título un verso de un poema del poeta francés Joë Bousquet: *Mi herida existía antes de que yo*.[4] El título del ensayo ya nos da pistas sobre cómo se replantea el problema a la luz de la crítica de la metafísica subjetivista. Después de quedar postrado en la cama a causa de una herida de guerra, el poeta escribió este verso donde invertía el antes y el después. En principio, tendríamos que decir que Bousquet existía «antes de la herida» y no «después de la herida». Ahora bien, lo que nos indica el verso del poeta es que en la oposición entre la libertad y la sumisión cambiamos el orden de los factores. No se trata de que seamos libres y que, en un segundo momento, estemos determinados, sino del hecho de que nos construimos en los encuentros —el encuentro con bala— y de que, después, podemos hacer algo. Como señala Llevadot, la herida nos estaba esperando y se trata de hacernos dignos de ella o, según Deleuze, de *contraefectuarla*, es decir, de darle un sentido. Topamos así con la ética como capacidad de hacer algo con los encuentros que nos determinan. No se trata de que, a partir de un sociologismo de lo más pernicioso, conozcamos todas las causas de nuestras determinaciones y, finalmente, no quede ni un gramo de inconsciencia en nosotros. Tampoco se trata de que nos reconozcamos como si fuéramos objetos, es decir, como partes de una estructura social determinada. No se trata de sentirnos orgullosos de ser trabajadores o, por el contrario, de sentirnos orgullosos de nuestro éxito como empresarios. Más bien se trata de hacer algo con aquello que no paramos de sentir —con el *resentimiento*—, de hacer de aquel íntimo «me levanto por la mañana para superarme» la determinación de un dispositivo político que

4. Laura Llevadot, *Mi herida existía antes que yo. Feminismo y crítica de la diferencia sexual*, Tusquets, Barcelona, 2022.

hemos denominado parálisis por agitación. Se trata de responder a la máquina silenciosa que nos cuchichea que nos tenemos que superar, que nos tenemos que levantar, que, finalmente, podremos ser ganadores. Un momento extraño de toma de conciencia. Y así, como nos enseñaba Rancière, la libertad se encuentra con la sensibilidad. Es Rosa Parks sentándose en el lugar de los blancos, es decir, actuando con la herida que existía antes de ella. Ella era la parte segregada, la «parte de los sin parte» —de nuevo, Rancière y Marx— que no actuaba de manera dialéctica —con el permiso de Hegel o los hegelianos—. Ella buscaba una salida o, de hecho, se inventaba una salida. Hacía con el presente.

En diciembre del 2019, ante un atento y alborotado auditorio, Paul B. Preciado pronunciaba una conferencia en la École de la Cause Freudienne, en París.[5] Para explicar a los psicoanalistas lo que había vivido en su transición, Preciado utilizaba un relato, puesto que, a menudo, la literatura nos explica mejor la vida que mucha sociología. El cuento en cuestión era *Informe para una academia* de Kafka.[6] En este relato de unas pocas páginas, un simio que había aprendido a hablar explicaba su historia ante un auditorio lleno de especialistas. Aquel simio que había sido capturado y torturado había aprendido a hablar y, al igual que Preciado, en medio de un auditorio explicaba por qué había decidido hablar. No era, simplemente, para imitar a los hombres. Tampoco se trataba de una ocurrencia. Más bien, su existencia era intolerable. A diferencia del relato de Boris Vian donde un lobo se

5. Paul B. Preciado, *Yo soy el monstruo que os habla. Informe para una academia de psicoanalistas*, Anagrama, Barcelona, 2020.
6. Franz Kafka, «Informe para una academia», en *La transformación y otros relatos*, Cátedra, Madrid, 2023, págs. 362-373.

convierte en hombre, Pedro el Rojo no nos presenta el mundo animal como un lugar adonde huir y, tampoco, el mundo humano como una salvación que se tiene que anhelar. Él es el ciudadano monstruoso y, también, el animal monstruoso.[7] Entre dos aguas, él ha olvidado lo que significa ser un animal y tampoco ha conocido la experiencia de ser un ciudadano normal. Bien visto, lo que es intolerable para el simio parlante es el dualismo —de nuevo la oposición— entre el hombre y el animal, y para deshacerlo se sitúa, justamente, en medio de este dualismo que niega la existencia de los *simios hablantes*. De la mano de Mario Tronti, podríamos entender que lo que detesta Pedro el Rojo es ser visto como un animal y, por tanto, renuncia a la esencia que los hombres le han dado —esta sí que la ha vivido—. El simio parlante se sitúa *dentro y contra* y lleva a cabo la lucha animal contra la naturaleza o, como diría Tronti, «la lucha obrera contra el trabajo, la lucha obrera contra sí mismo como trabajador, el rechazo de la fuerza de trabajo a convertirse en trabajo».[8]

Pedro el Rojo busca una salida a aquella extraña existencia y se convierte en el simio parlante o el parlante simiesco, sin caer en ninguna de las dos opciones. Es aquí donde la ética se encuentra de nuevo con la política. Al acto ético de «hacer con» los encuentros, tenemos que ver cómo los encuentros no son plenamente nuestros. Si la parálisis agitante es la *condición de posibilidad* de nuestra experiencia es porque se trata de una arquitectura de los encuentros. La parálisis agitante es una máquina que funciona constantemente proponiendo hacernos nuestro el campo de juego de la excitación en la empresa, que nos propone expresarnos

7. Boris Vian, *El lobo hombre*, Tusquets, Barcelona, 1987.
8. Mario Tronti, *Operai e capitale*, Deriveapprodi, Roma, 2013, pág. 263.

y a la cual tenemos que interpelar. Pero toda máquina se rompe. Toda máquina puede dejar de funcionar y nuestro problema entonces es situarnos *dentro y contra* la «barrera invisible». No se trata de rehuir ni de desertar como si la cuestión fuese convertirse en el más virtuoso entre los virtuosos. Se trata de llevar la experiencia de cada cual a su condición política y en ese viaje preguntarnos si habría otras *condiciones de posibilidad* para la velocidad y la quietud. Se trata de situarnos *dentro y contra* la catatonia para dar un paso más.

7. Dentro y contra la catatonia

> Hablar del *fin* del mundo es hablar de la necesidad de imaginar, antes que un *nuevo mundo* en el lugar de este mundo presente nuestro, un *nuevo pueblo*; el pueblo que falta.
>
> Déborah Danowski y Eduardo Viveiros de Castro,
> *¿Hay un mundo por venir?*

> La capacidad de resistencia o, al contrario, la sumisión a un control, se deciden en el curso de cada tentativa. Necesitamos al mismo tiempo creación y pueblo.
>
> Gilles Deleuze, *Control y devenir*

Rose se veía apremiada por el tiempo. Como si tuviera que encontrar la palabra correcta en medio de la sensación de impaciencia que convertía su voluntad en una facultad esclerótica. Cuando todo va demasiado rápido, ¿qué podemos decir? En la velocidad todo se difumina y el presente se derrumba. El afecto que sufría Rose era una velocidad demasiado intensa. Todo iba demasiado rápido para poder dar una respuesta correcta o, incluso, una simple respuesta. No podía encontrar un gesto que le permitiera explicarse lo que pasaba. Y cuanto más incrementaba la velocidad, menos encontraba las palabras que iban cayendo una detrás de la otra. Poco a poco, dejó de poder acabarlas y, finalmente, ya ni siquiera pudo empezarlas. Así, se creó la confluencia: velocidad = parálisis. Cuando estamos paralizados, ¿qué podemos decir? En la estática nada pasa y el presente se derrumba. Y el cuerpo de Rose se desbordó por unos decibelios que ya no la hacían bailar, sino que la convirtieron en una estatua que ya no conseguía hacer gesto alguno.

En el hospital Monte Carmelo, la genialidad de Sacks fue encontrar la agitación en el síntoma de la parálisis, entender que se trataba de un trastorno del movimiento. Y a pesar de que la palabra trastorno todavía es demasiado médica, es esta intuición la que se tiene que rescatar para el análisis de nuestro tiempo. Se trata, pues, de una institución del movimiento que se ha denominado *parálisis agitante*. Y en esta precisa institución del movimiento se puede afirmar que los términos se vuelven permutables: la agitación es parálisis, la parálisis es agitación. En las sociedades de control se trata, entonces, de crear las condiciones para que los cuerpos se movilicen en un laberinto de opciones —reales e imaginarias— y que, por ende, vayan eligiendo una cosa y la otra. En la heteronomía de la dominación, nos encontramos con un poder que crea las condiciones para el aumento gradual de la velocidad y que busca, desesperadamente, nuestro amor por la situación. Si la figura del vampiro es actual, es justamente por este consentimiento que busca el capitalismo. Son famosas las repetidas referencias al vampiro por parte de Marx en *El capital*: el capitalismo chupa la vida del trabajador. A partir de 1867, el vampiro de la producción literaria y la posterior producción cinematográfica adquirió una complejidad cada vez mayor. Como si, a medida que se desarrollaba el capitalismo, se avivara también un dramatismo alrededor de su figura. Más allá de los vampiros dantescos o clásicos, el vampiro gótico de Bram Stoker se presenta como un príncipe seductor. No es, simplemente, un monstruo que secuestra jóvenes, sino un galán que, antes de entrar por la ventana, reclama la adhesión de la poseída. Quiere que ella diga sí. Quiere que ella se mueva. Drácula estará allá cuando ella dé el primer paso. Y, para seguir con personajes de nuestra cultura, solo después de su «sí» se convertirá en una zombi del célebre conde. Si el dispositivo de la elección funciona, es porque, igual que Drácula nos seduce para conseguir nuestro sí, necesita nuestro amor y, por ende, que aprendamos a aprender sus delicias.

La parálisis agitante es, pues, la institución de un *proceso de dominación*. En este punto, pienso que es relevante comprender la doble implicación entre la velocidad y la parálisis y no dividirnos entre la hipótesis de que «estamos paralizados» o, por otro lado, «vamos demasiado rápido». De hecho, ni vamos demasiado rápido, ni estamos paralizados, sino que *estamos paralizados en la velocidad*. Como en el caso de la moda, se produce una experiencia de repetición constante de lo mismo. Al fin y al cabo, cuando todo es nuevo, nada lo es. Y esta experiencia puede ser traducida como un incremento de velocidad que paraliza y puede provocar, como en el caso de Llados, clamores de orden o, por otro lado, momentos nostálgicos. Hay que evitar la hipótesis según la cual el capitalismo produce novedad porque, en realidad, siempre genera «variaciones sobre el mismo tema». Por otro lado, la novedad es un «tema sobre variaciones». La novedad es un camino que se hace mientras se recorre o, como diría Walser, es un paseo. En todo caso, si los grandes centros de internamiento eran el problema de la sociedad disciplinaria y del fordismo, ahora se puede afirmar que nuestro problema, aquel por el cual tenemos que buscar nuevas armas, es un cierre del presente a partir de un incremento de velocidad que busca impedirnos la novedad en cuanto capacidad de hacer presente. Es este el corazón de la institución de la *parálisis por agitación*: encerrar la capacidad de hacer —pensar y actuar— en la maquinaria tardocapitalista.

Desde un punto de vista analítico y político, esta nueva situación nos invita a no dividir el proceso, justamente porque si entendemos que estamos paralizados o, por otro lado, que vamos demasiado rápido, podemos caer en soluciones inocuas. Cuando, por ejemplo, entendemos que estamos paralizados —la historia se ha acabado, no pasa nada, etcétera— podemos concluir que tenemos que ir más deprisa: acelerar el proceso. Como señala el *Manifiesto aceleracionista*, necesitaríamos acelerar porque «en esta parálisis del imaginario político, el futuro ha sido anulado».[1] Los aceleracionistas cantan las alabanzas de un «nuevo futuro» o, incluso, de una «nueva idea de progreso», como si nos dijeran: tenemos que ir más lejos, más lejos. En esta obsesión por el futuro, la aceleración se nos presenta como «inspirada por la escatología eurocéntrica del progreso, que se muestra nostálgica con un pasado racionalista, imperialista y triunfalista».[2] En este caso se entiende, pues, que la parálisis se contrarresta acelerando, pero no se observa, como lo hizo Sacks, que la condición de la parálisis es la velocidad misma. Nuestro problema no es inmediatamente con el futuro, ni, tampoco, con imaginar una alternativa, sino con la capacidad de hacer presente.

---

1. Armen Avanessian y Mauro Reis (ed.), *Aceleracionismo. Estrategias para una transición hacia el postcapitalismo*, Caja Negra, Buenos Aires, 2017, pág. 34.
2. Danowski y Viveiros de Castro, *op. cit.*, pág. 205.

Por otro lado, cuando en el análisis se acentúa la velocidad, se piensa que tenemos que pulsar el «freno de emergencia». Desde esta perspectiva, el capitalismo se nos presenta como una máquina de muerte que ha formulado un «crimen perfecto», donde toda pasión está manchada de antemano.[3] En esta posición se enarbolan gestos virtuosos que nos invitan a abandonar el barco y, como señala Franco Berardi «Bifo», ante las condiciones inhumanas de vida tendríamos que evitar tener hijos.[4] Esta segunda posición ya no veía en la aceleración una respuesta, sino que, ante el horror del tardocapitalismo, decidiría desertar. La política, la economía y la sociedad estarían corrompidas hasta la médula —serían categorías incorrectas para pensar— y todos los errores en la lucha contra el capital se verían como antojos de una esperanza que tenemos que abandonar. Y sin querer restablecer una esperanza ni enmendar los errores, habría que admitir que el problema radica en una concepción omnipresente y totalizante del movimiento en el capital. Sea individual o estatal, cualquier acto es la confirmación de lo que ya sabíamos e, incluso, como nos mostraba Agamben durante la pandemia, todo es fruto de un «estado de excepción» y, por tanto, solo nos queda destituir el orden existente. Y si bien, en este punto de la historia, la destitución se nos presenta como inevitable, su fobia por la mácula del poder acaba produciendo una *vulgata* moralizante que señala cómo, ante la violencia del Estado y el capital, hay algunos que realizan el virtuoso gesto de marcharse. A pesar de que sea incontestable que la violencia del capitalismo actual produce horror,

3. Jorge Alemán, *Capitalismo: crimen perfecto o emancipación*, NED, Barcelona, 2019.
4. Franco Berardi «Bifo», *Desertemos*, Prometeo, Madrid, 2024.

no se puede olvidar que es un sistema de organización de la vida —cargado de muerte, sin duda— y, por ende, que se trata de una forma organizada de la velocidad. Es la velocidad de los afectos en las sociedades de control la que produce el «depresivo masa» y no la velocidad en general. En este sentido, si el capitalismo actual quiere exacerbar la felicidad o la alegría, esta excitación está dispuesta de forma concreta, es decir, es la felicidad por el trabajo, la alegría por la empresa capitalista. No se observa, como lo hacía Sacks, que la condición de la velocidad es la parálisis misma. Vamos rápido, somos *workaholics* porque nada está asegurado y, por lo tanto, se trata de un problema concreto.

En última instancia es, pues, un problema de organización, es decir, la institución de la parálisis agitante. Por este motivo, tanto la imaginación de un nuevo futuro como el principio de destitución se nos presentan como incompletos, cuando parten de la hipótesis de una alienación completa del humano en el capital y, por ende, de una automatización de la vida. Cierto, nos autoexplotamos, pero gracias a unas fuerzas externas que tenemos que combatir antes de predisponer cualquier tipo de aceleración o de fuga más allá. El conde Drácula es nuestro problema, no la pulsión sexual de la poseída. Por este motivo, buscar nuevas armas para el presente es situarse *dentro y contra* la parálisis agitante, es decir, partir de nuestra situación de dominación y proponer, a pesar de las dificultades, un cara a cara.

Justo en el momento en el cual hacemos de la dominación catatónica un crimen perfecto, nos vemos empujados a ir más allá y elegir entre un «nuevo futuro» o una «impugnación antropológica». Pero, como hemos visto, lo que ilumina la catatonia es que nuestro problema ni es con el futuro ni tampoco, en primera instancia, un problema cultural con un ser humano universal, blanco y occidental. La receta contra estas dos perspectivas es re-conducir el debate a las condiciones de producción; son determi-nadas condiciones de producción, materiales y afectivas, las que predisponen la angustiosa carencia de futuro y la fantasmagoría de un ser humano blanco y occidental. Son unas determinadas condiciones de producción las que cierran el presente y, por tan-to, proyectan sombras sobre el pasado y sobre el futuro. Para sa-lir del callejón sin salida, pienso que se tiene que llevar a cabo la misma crítica que, en *La ideología alemana*, Marx y Engels hacían a Feuerbach, célebre por invertir la expresión: «Dios creó al hom-bre a su imagen y semejanza».[5] De manera general, el materialis-mo de Feuerbach apostaba por cambiar el orden de los factores y, en consecuencia, mostraba cómo la causa era, en realidad, el efecto: «El hombre creó a Dios a su imagen y semejanza». No obstante, el sentido antropomórfico de la inversión de Feuerbach no era suficiente para Marx. La cuestión no era solo llevar a Dios al corazón de la producción, sino que se tenía que llevar tam-bién al ser humano a su propio proceso de producción. Y si segui-mos a Marx y Engels en este punto, la pregunta se convierte en: ¿Quién es este ser humano que cree en la felicidad de la empre-sa capitalista?, ¿quién es este ser humano que no puede imaginar una alternativa y que impugna su propia voluntad?, ¿quién es este ser humano que conduce toda su sumisión a una Idea que, como caída del cielo, nos atenaza? El problema necesita ser planteado bajo esta fórmula de desnaturalización o, si lo preferimos, de ex-trañamiento. El ser humano que se nos presentaba como una ca-tegoría normal o biológica tiene que ser llevado a la producción,

5. Karl Marx y Friedrich Engels, *La ideología alemana*, Akal, Madrid, 2014.

y así sus sueños, sus gustos o sus delirios se vuelven inteligibles. Se tiene que generar, pues, una homonimia y no una sinonimia: tenemos que pasar de leer dos palabras diferentes bajo un mismo significado, a leer dos palabras iguales bajo diferentes significados. Nuestro ser humano tardocapitalista es el de la parálisis agitante; no es el del fordismo. Por este motivo, tanto la carencia de alternativa como la condena del ser humano se tienen que entender como síntomas ligados a la producción del presente y no como una simple falta de voluntad política o, por otro lado, como un problema alrededor del ser del humano.

Son las condiciones de posibilidad históricas del movimiento en la velocidad lo que produce la parálisis. Por ende, se trata de situarse «dentro» de esta nueva configuración para buscar nuevas armas, es decir, aceptar la dispersión de las subjetividades políticas anteriores, como la clase obrera fordista. Nada vuelve exactamente del mismo modo, «todo se disuelve en el aire». Ahora bien, en ningún caso, aceptar la dispersión significa aceptar el fin de la lucha de clases, sino llevarla a una renovación a partir de un análisis de la nueva institución de la vida. Si la cuestión es renovarla, la pregunta es, como diría Tronti, ¿de qué tiene miedo esta concreta institución de la vida? Toda dominación es un crimen imperfecto. La razón es simple: ni el movimiento es siempre capitalista, ni la parálisis es siempre signo de la dominación, sino que se trata de una determinada traducción. Hay muchas maneras de estar quieto y muchas maneras de moverse. De hecho, podemos movernos, pero no para elegir, sino para pasear; quedarnos quietos, pero no porque no haya alternativa, sino para contemplar.

Ante el crimen imperfecto, tenemos que ver el funcionamiento y el sentido que se da en la confluencia entre la velocidad y la parálisis. No tenemos que discernir entre acelerar o desertar porque, de hecho, la parálisis agitante funciona mediante dos elementos. Se trata, pues, de impugnar la oposición —o velocidad o parálisis— porque estamos ante una confluencia —parálisis por velocidad—. Topamos así con lo que nos ha enseñado Pedro el Rojo al respecto: el dualismo siempre es la confluencia de dos partes. En el relato de Kafka se puede encontrar un reparto, pues, en la dualidad, el humano es libre y el animal acaba dentro de una jaula. Del mismo modo, el humano es racional y el bárbaro es un salvaje, el humano come bien y el caníbal no. Hay que ver cómo en la oposición lógica —animal o humano— se añade una confluencia real: el humano es quien tiene el derecho de ser el patrón del animal, del bárbaro y del caníbal. En consecuencia, hacemos poco o nada si atacamos al humano y hacemos mucho cuando atacamos su confluencia real, cuando, como Kafka, ponemos los simios a hablar.

Aplicando la enseñanza de Kafka, se llega a la conclusión de que se tiene que atacar la confluencia entre la velocidad y la parálisis. En esta determinada institución de la vida, se pone de manifiesto que hay una posición para cada cual y que esta construcción de la posición predispone unos intereses: no pare de moverse para el capital, ame la situación dada, vaya cada vez más rápido y acabará paralizado. A la pericia constructivista del neoliberalismo y su funcionamiento tenemos que aplicarle una inversión de sentido. Pero cuidado con creer que la inversión es un simple cambio de posición: ahora la clase obrera será finalmente la clase gobernante. Es inevitable que la inversión equivalga a un cambio de posición, pero también equivale a un cambio de sentido. Cuando ponemos la izquierda en la derecha y la derecha en la izquierda, ya no hay ni derecha ni izquierda en el sentido anterior. Igual que en el relato de Kafka, todo cambia de sentido cuando el simio empieza a hablar. Se impugna la confluencia desde el mismo interior del dualismo y contra el reparto del sentido que predispone. ¿Cuál era el sentido de lo intolerable para Pedro el Rojo? El simio está dentro de una jaula y el humano es libre. Y cuando el simio empieza a hablar, ya no se halla dentro de una jaula, ni tampoco es libre como el humano. Esta inversión de sentido es, como nos enseñó Tronti, el obrero que rechaza convertirse en fuerza de trabajo para el capital. El obrero que se mueve, pero no según el ritmo de la producción, ya no es el obrero que quería el capital fordista. Ya no se siente orgulloso de su posición en la cadena de producción, sino que se siente orgulloso de hacer lo que no se esperaba de él. Siente el orgullo de poner un pie tras otro, de hacer camino. Y para hacerlo, se sitúa *dentro y contra* el capitalismo. Del mismo modo, el *empresario de sí* que lucha contra el capital ya no es el empresario que quería el capitalismo posfordista. Ya no es el empresario orgulloso de sus insondables tareas que giran alrededor del aumento de capital, sino el empresario que siente orgullo de ir contra la empresa capitalista. Es evidente que los más metafísicos podrían decir que, al final, el simio parlante de Kafka siempre tendrá una alteridad o, en otros términos, que no saldrá, finalmente, del dualismo. Pero a este problema se tiene que responder de manera inequívoca: nuestro problema no es de lectura, sino que es un problema práctico. Igual que Pedro el Rojo, nos vemos empujados por la doble negación: no podemos no hacer algo; solo se trata de *buscar una salida*.

Igual que Leguil, la cuestión es arrancar un sentido de aventura a la subjetividad. Un sentido de aventura que, en el debate del consentimiento sexual, nos permite añadir que no se trata, simplemente, de conocer nuestros gustos o, si se quiere un término más marxista, nuestros intereses. Por este motivo, la libertad que parte de la determinación es una libertad contra el orden existente. Se trata, entonces, de impugnar la situación dada y afirmar que hay otras condiciones de posibilidad. Como decían Deleuze y Guattari, cuando luchamos por el interés que se nos propone, podemos continuar en el surco de nuestra sumisión.[6] Siempre que se trate de luchar por nuestro interés en el campo de juego que se nos adjudica, el capital podrá responder: se pueden mejorar las condiciones de la clase trabajadora, integrarla y repetir que, ahora, es clase media. Esta sería una lucha sobre el interés de una parte que, no obstante, no produce pavor a la confluencia entre parálisis y agitación. La lucha que da miedo al capital es la que no responde al interés de la parte, sino que impugna el campo de juego y, por lo tanto, impugna nuestra posición. Cuando creamos un nuevo interés que el capital no sabe dónde situar, ya no nos reconocemos a nosotros mismos ante el espejo del gimnasio.

Sin duda, entra en juego lo que, para la parálisis agitante, es una paradoja. Un movimiento que sucede en la empresa capitalista y, al mismo tiempo, contra la empresa capitalista. Solo una subjetividad paradójica —el simio parlante o el proletariado— puede llevar a cabo, como decía Marx, una «disolución del orden existente» que no comporte, simplemente, una liberación del deseo, sino la creación de un nuevo interés más allá de la empresa capitalista. Tenemos intereses que todavía no conocemos. No se trata, por tanto, de apostar por una liberación del deseo que vaya más allá, sino de situarse dentro de nuestro tiempo. Ir más allá sería vernos abocados a una hipótesis general de liberación del de-

6. Gilles Deleuze y Félix Guattari, *El anti-Edipo. Capitalismo y esquizofrenia*, Paidós, Barcelona, 2019.

seo y dejar de lado los síntomas que nos dan la clave de la articulación política. Así, no se trata de una liberación teológica de la represión en favor de la *ética de Eros*, sino de una lucha concreta contra una institución de la vida. Es tácticamente inevitable pasar a través del campo de juego instituido, es decir, pasar por las instituciones del Estado y la sociedad civil, pasar por el mundo de la parálisis agitante. Lo que se presenta como tácticamente inevitable es, al mismo tiempo, estratégicamente necesario: se tiene que apelar a todo el mundo porque el pueblo no está ante nuestros ojos, como si se tratara de un objeto o de una simple categoría sociológica, el pueblo se crea, se instituye.

De la mano de Spinoza, hemos podido ver cómo nuestra servidumbre afectiva se traducía en la empresa capitalista. Y es, justamente, esta traducción la que se tiene que atacar, es decir, la institución de la vida en la parálisis agitante, pero, en ningún caso, la institución de la vida en general. Al final, no tenemos que debatir si podemos vivir con instituciones o sin. El Comité Invisible afirma que «lo que necesitamos no son instituciones, sino formas».[7] Frédéric Lordon nos recuerda que las instituciones son formas de vida.[8] Y, dado que toda forma de vida instituye, tenemos que recordar, ante el falso problema de quien apuesta por vivir sin instituciones, que «el humano no tiene instintos, construye instituciones».[9] Por este motivo, nuestro problema no es vivir «con o sin», sino vivir en la institución catatónica. A la des-

---

7. Comité Invisible, *Ahora*, Pepitas de calabaza, La Rioja, 2019, pág. 38.
8. Frédéric Lordon, *¿Vivir sin? Vivir sin dinero, vivir sin policía, vivir sin trabajo, vivir sin instituciones*, Verso, Barcelona, 2024.
9. Gilles Deleuze, «Instintos e instituciones», en *La isla desierta y otros textos. Textos y entrevistas (1953-1974)*, Pre-Textos, Valencia, 2005, pág. 30.

treza constructiva del capitalismo actual, se tiene que oponer una contra-institución y, en consecuencia, una contra-subjetividad. El pueblo falta, todavía no está aquí, pero vive en el interior de la parálisis agitante. Vive *entre* los depresivos y los nostálgicos, *entre* los narcisistas y los apocalípticos. Es solo un rumor, un malestar que se convierte en ansiedad o en depresión. Crearlo es invocar su presencia, generar un nuevo interés.

Empresarios de vosotros mismos, recordad que es el capitalismo el que os impide cumplir vuestros sueños. Académicos y profesores, solo si acabáis con el régimen de la competencia podréis dar buenas clases y escribir buenos artículos. Trabajadores de todas partes, solo si destruís el capital podréis trabajar «sin convertiros nunca en pescadores, cazadores, ganaderos o críticos». Y así, nos levantaremos y pondremos un pie tras otro.

EPÍLOGO:
UN CORRECAMINOS ANTE EL VACÍO

> Lo decisivo consiste en que los griegos concebían la movilidad a partir del reposo.
>
> Martin Heidegger[1]

En consonancia con la «sociedad del espectáculo», hoy en día mucha gente quiere ser «escritor» sin antes haber *escrito* ni una sola línea, y se publican «ensayos» sin que sus autores hayan tenido primero una *idea*. Un *espectáculo* es sacar una fotografía de la comida antes de haberla probado. La forma «ensayo», primero inventada por Montaigne en sus magníficos *Essais*, se ha convertido en la posmodernidad en la coartada perfecta para *intentar algo, sin acabar de hacer lo que se prometía*. Así, lo que guía la proliferación de la forma «ensayo» hoy en día no es tanto el *miedo al éxito* del «sistema» filosófico, como el *miedo al fracaso*. Un ensayo que no tiene una idea no se lo puede llegar a criticar nunca porque el autor siempre se puede escudar en el hecho de que

---

1. Martin Heidegger, «Sobre la esencia y el concepto de la φύσις Aristóteles, *Física* B, 1», en *Hitos*, traducción de Helena Cortés y Arturo Leyte, Alianza, Madrid, 2018, pág. 234.

no se trataba de nada más que de un *intento*. De este modo, la máxima que tendría que guiar un verdadero ensayo es: *¡haz algo (o no lo hagas), pero no lo intentes!* La culpa de todo esto, obviamente, la tiene Ortega y Gasset, quien, en el prólogo a sus *Meditaciones del Quijote*, entronizó al ensayo como una *forma mediterránea más humilde* que el tratado de filosofía proveniente del norte de Europa: «el ensayo es ciencia, menos la prueba explícita», decía él.[2] Pero, *cuando alguien ensaya algo, es porque la prueba ya había quedado demostrada en otro lugar* y, de este modo, la «modestia» mediterránea presupone necesariamente el imperialismo cultural y la importación filosófica del norte de Europa. En el peor de los casos, esto hace que muchos ensayos «anticapitalistas» se conviertan hoy en día en un conglomerado de opiniones políticas personales e inconexas, hasta el punto en que se hace indistinguible de una discusión política en la barra de un bar. Pero la labor de un filósofo es proponer ideas, avanzar tesis o «crear conceptos» —como decían Deleuze y Guattari—, del mismo modo que el trabajo de un panadero es hacer panes. No obstante, nunca nada es del todo nuevo, pues ya se lamentaba Cicerón en la República romana de que: «son malos tiempos, todo el mundo está escribiendo un libro».

No es este el caso del libro que el lector ha tenido entre sus manos. Este libro tiene una *idea*. Buena o mala, esté uno de acuerdo con ella o no, se encuentre mejor justificada o peor, esta es una *idea original*, que aporta algo *nuevo* al debate público, y creo que esto es lo más importante que se puede decir de un libro. Al acabarlo, esta idea puede parecer un poco compleja o, cuanto menos,

---

2. José Ortega y Gasset, «Meditaciones del *Quijote*», en *Obras completas (Vol. I)*, Revista de Occidente, Madrid, 1966, pág. 318.

tan *paradójica* como el capitalismo tardío dentro del cual aún nos encontramos inmersos. Por esto, para terminar, me gustaría resumirla y simplificarla tan *escolásticamente* como sea posible, para ver que también es susceptible de ser expresada bajo otro marco teórico, quizás más antiguo.

Por lo menos desde Newton, «nosotros» —*modernos*— creemos que el movimiento se reduce *única y exclusivamente* a la traslación de un punto A a un punto B. Pero esto no siempre ha sido así; o, como mínimo, no era así para los griegos, quienes consideraban que la *traslación de un lugar a otro* solo representaba *un tipo* de movimiento entre muchos otros, pero en ningún caso *el* movimiento *par excellence*. El «movimiento» (*kínesis*) también incluía, por ejemplo, el «crecimiento» o el «cambio». Es decir, todo lo que tiene que ver con la *vida*. Por esto, Aristóteles empieza el libro B.1 de la *Física* distinguiendo entre los seres «naturales» y los «fabricados». Lo que separa a la *naturaleza* de la *técnica*, entonces, es que mientras que la primera tiene la causa de su movimiento *dentro*, la segunda lo tiene *fuera*. Para ponerlo de la manera más sencilla posible: un niño crece *por sí mismo*, y yo me puedo mover de un lugar a otro *cuando quiera*, pero una tostadora necesita que alguien la encienda para poder empezar a funcionar. Como dice el Estagirita: «la naturaleza es un cierto principio y causa del moverse o *estar en reposo* en aquello en lo que se da primariamente, por sí mismo y no por concurrencia».[3] Pero lo que resulta más fascinante de esta definición de la naturaleza para «nosotros» —*modernos*— es que Aristóteles incluye el «reposo» (*stásis*) como un *principio interno de la naturaleza*, a la misma

---

3. Aristóteles, *Física*, traducción de José Luis Calvo Martínez, CSIC, Madrid, 2002, B.1, 192b, págs. 34-5.

altura que el «movimiento». Como dice con sus propias palabras: «todos los entes [que son por naturaleza] parece que tienen en sí mismos el principio del movimiento *y del reposo* —unos en lo que toca al lugar, otros al aumento y la disminución, otros a la alteración».[4] Este punto es crucial (y se suele pasar por alto), y es que a un griego no se le pasaba por la cabeza ni por un solo instante (tal como hacemos nosotros hoy en día), contraponer el «movimiento» al «reposo», como si el «reposo» fuera la *ausencia* de «movimiento» (= 0). Para los griegos, que negaban el vacío, todo estaba «lleno», y el número cero todavía no existía;[5] por tanto, para Aristóteles el reposo es *un tipo* de movimiento, y lo incluye como una de sus *posibilidades*. Tal como interpreta Heidegger: «las plantas y animales *son en* la movilidad, incluso cuando están quietos y reposan; el reposo es un tipo de movimiento; pues solo lo móvil puede verdaderamente reposar».[6] También la cebra *reposa* incluso cuando corre, pues en todo momento sus rayas permanecen bajo su misma «forma» o «aspecto», y el reposo es una *ausencia de transformación* en un sentido más amplio. Pero esto no se aplica solo a los seres «naturales», sino también a los «fabricados». Como señala Heidegger, una vez más:

> Pero ¿acaso la cama y la prenda de abrigo, el escudo, el barco y la casa son cosas que se mueven? Claro que sí, lo que pasa es que por lo general se nos presentan bajo ese tipo concreto de movimiento tan difícil de ver

---

4. *Ibid.*, pág. 34.
5. Recordemos que Aristóteles negó la existencia del «vacío» argumentando que en él los átomos o bien se moverían a velocidad infinita, o bien *se quedarían en reposo*. Al menos desde la primera ley de la «inercia» de Newton, sabemos que esto es falso.
6. Martin Heidegger, *op. cit.*, pág. 206.

como es el del reposo; y su «reposo» tiene el carácter de un estar acabado, de lo producido, y del estar «aquí» y yacer «delante» o «de antemano» así determinados. En la actualidad, pasamos fácilmente por alto ese característico reposo y su correspondiente movilidad; o por lo menos no nos lo tomamos suficientemente en serio, como algo esencial, como la auténtica señal distintiva del ser de ese ente.[7]

Lo que pasa es que el único «reposo» (que representa, a su vez, *un tipo de movilidad*) que Aristóteles podía concebir es el «estar-acabado» de una obra, ya sea esta natural o fabricada. El niño *deja de crecer* en un determinado momento, y su «forma» humana *reposa* cuando ha llegado a la adultez, del mismo modo que el artesano queda *satisfecho* cuando la mesa que ha producido ya tiene cuatro patas. Esta es la célebre *entelecheia* («completitud») de Aristóteles, de donde proviene *télos* («fin»): la *causa final* de una determinada obra es llegar a su *plenitud*. Solo entonces queda acabada, llega a su madurez, ha agotado todas sus posibilidades y, por fin, puede yacer-delante y *reposar* en su esencia. Entonces solo queda *contemplarla*.

Ahora bien, por suerte (o por desgracia), Aristóteles no tuvo la oportunidad de avistar una sociedad donde dominara el modo de producción capitalista. El Estagirita todavía vivía en una cierta «eticidad» (esclavista, por cierto), compacta y maciza, donde el «bien» aún estaba asociado con que *cada cual cumpliera su función social*. Por eso, Aristóteles no podía concebir otro tipo de «reposo» que no fuera el de la «completitud» de una *obra* que ya había quedado *perfectamente realizada*, y le hubiera resultado del todo inconcebible que hoy en día, bajo el yugo de la autova-

---

7. *Ibid.*, pág. 208.

loración del capital, se pudiera llegar a un estado de «reposo», paradójicamente, *por exceso de movimiento*. Esta idea, que tiene sus precedentes en el análisis de la «saturación» en la *Segunda intempestiva*, de Nietzsche, del «entumecimiento» en Benjamin, de la «depresión hedónica» en Fisher, o de *La fatiga de ser uno mismo* de «Bifo», encuentra ahora en la *catatonia* su nosología, sintomatología y clínica específicas. Este es, a mi parecer, el gran hallazgo de Lluís Aguiló en *Parálisis por agitación*, que yo he intentado demostrar aquí *escolásticamente*, por medio de Aristóteles y Heidegger, pero que el autor ha mostrado a lo largo del libro *rizomáticamente*, a partir de Deleuze y Foucault. Este descubrimiento, aparentemente inconexo sobre la *física del movimiento*, tiene a su vez —creo yo— profundas consecuencias para los debates actuales sobre el *capitalismo* y sobre cómo *transformarlo*.

Esté uno más o menos de acuerdo con la *particular* tesis que propone Aguiló, su reflexión permite que nos demos cuenta de un aspecto *general* de nuestra sociedad: y es que, cuando estamos hablando de *capitalismo*, estamos hablando, sobre todo, de *velocidad(es)*. Reenmarcar el problema aquí permite a su vez entender por qué los dos principales marcos teóricos contrarios que hoy en día se plantean como alternativas al capitalismo tienen que ver con la *velocidad*. Por un lado, tendríamos a los *aceleracionistas*. Basados en un pasaje ambiguo del *Anti-Edipo* de Deleuze y Guattari, estos piensan que, si el capitalismo contiene en sí mismo un momento de *desterritorialización*, no se trata de parar el tren con el «freno de emergencia» (como creía Benjamin), sino de acelerar el proceso de *descodificación*. Entre líneas, Aguiló muestra cómo este proyecto está políticamente abocado al fracaso, pues el *exceso de agitación* fácilmente se convierte en su contrario hegeliano: un «reposo» *catatónico* y *paralizante*. (No nos puede sorprender, pues, que el líder de la CCRU, Nick Land, se haya acabado volviendo loco y mudando a China, donde se ha convertido en un reaccionario de la *alt-right* e interpreta la *kabbalah*, asegurando que contacta directamente con Satanás desde el futuro).

Pero, por otro lado, también tendríamos a los *agambianos.* Estos hacen bien al seguir el *dictum* nietzscheano-foucaultiano de escuchar seriamente al *enfermo*: el afligido hoy en día no sería un «loco», cuya experiencia debería ser descartada, sino un *síntoma* que expondría la *enfermedad* de nuestra sociedad *in toto.* Y, si la principal enfermedad que sufre nuestra sociedad es su *productivismo*, los agambianos se fijarían en el *cansado, el perezoso o el deprimido* como sujeto privilegiado a la hora de hacer la revolución. Sin embargo (y sin saberlo), de este modo replican la visión moderna del «movimiento», donde este se opone dicotómicamente al «reposo». Ahora bien, según todo lo que hemos dicho, y del mismo modo que, para Adorno, el «ocio», bajo el capitalismo, no representa un *afuera* del «trabajo», sino su *continuación*:[8] el «reposo» del *deprimido* tampoco es una «potencia-de-no», que se opone dicotómicamente al *productivismo* capitalista, sino que simplemente representa un «máximo» (o un «mínimo») de la *potencia*, en estricto *continuum* con él. En este sentido, hay que entender «la sociedad del *burnout*» de Chul Han, o *il riffiuto*

---

8. «La diversión es la prolongación del trabajo bajo el capitalismo tardío. Es buscada por quien quiere sustraerse al proceso de trabajo mecanizado para poder estar de nuevo a su altura, en condiciones de afrontarlo. [...] Del proceso de trabajo en la fábrica y en la oficina solo es posible escapar adaptándose a él en el ocio», (Theodor W. Adorno y Max Horkheimer, *Dialéctica de la ilustración*, Akal, Madrid, 2013, pág. 150).

del lavoro de la «Gran Renuncia», que hizo que más de 50 millones de personas dejaran su trabajo durante la pandemia. El marco teórico de Aguiló permite entrever que no se trata tanto de una ruptura existencial o revolucionaria, como de un «reposo» *catatónico* o de una *paralisis agitans*. Por eso, la mejor metáfora de nuestro predicamento contemporáneo es la de un colibrí —que, si no bate las alas y late el corazón a 1.000 pulsaciones por minuto, se muere— o la del correcaminos, de quién Žižek bromea que puede seguir corriendo después de un precipicio solo a condición de no mirar hacia abajo. En el momento en que observa el vacío, se cae.

Como he dicho al principio, esta *idea* (y esta idea *sola*) ya tendría que bastar para que *Parálisis por agitación* sea leído y discutido con gusto, pues permite abrir un «tercer espacio» dentro de los debates actuales acerca del capitalismo. Sin embargo, el libro de Aguiló también tiene otras virtudes, y no me gustaría acabar este epílogo sin mencionar algunos de los «beneficios secundarios» que el lector puede extraer de su lectura. Para empezar, este es un libro *muy bien escrito*, a la manera *deleuziana*, donde la mejor manera de explicar un concepto es quizás saltar a otro nuevo. También se trata de un libro *muy italiano*. Aguiló pretende poner la experiencia italiana sobre la palestra, lo cual se agradece, y revela una carencia en nuestra opinión pública (tanto en filosofía como en política), que a menudo presta más atención a la *French Theory* que a la *Italian Theory*. Si yo (para poner un ejemplo), a la manera más clásica del siglo XIX, utilizo la filosofía alemana para ilustrar la teoría política francesa, Aguiló toma un camino diferente y más singular: utilizar la filosofía francesa para iluminar la práctica política italiana. Por eso, el autor se dota de un universo que no solo cuenta con los nombres más manidos de Foucault, Deleuze o Fisher, sino también otros más *singulares*: *Despertares*, de Oliver Sacks, la huelga de los trabajadores de la Fiat en Turín en 1962, las películas de Nanni Moretti, los *burpees* de Llados, la discusión entre Yung Beef y C. Tangana sobre la industria cultural, el debate feminista en torno al consentimiento a partir de Clotilde Leguil, Clara Serra y Laura Llevadot, o la novela *Las cosas*, de Georges Perec. Creo que todo esto dibuja un paisaje *muy singular* que puede suministrar nuevos «misiles para lanzar a la cabeza de la burguesía».

Como única cuestión abierta para seguir pensando, el libro acaba en punta, dejando al lector la tarea de proyectar cuál sería el gesto que mejor subvertiría tanto la catatonia capitalista como la *paralisis agitans* contemporánea. En este sentido, solo me gustaría añadir que la solución (en los propios términos de Aguiló) no se tendría que buscar ni en trabajar *mucho*, ni *poco*, ni en ser un *workaholic* ni un *perezoso*. Tal como Filón de Alejandría interpretó el *sabbath* (el séptimo día en que Dios descansó, después de haber creado el universo), no se trata de *no trabajar*, sino de «trabajar sin fatiga».[9] Este intento de solución podría ser consecuente con lo que quería decir el Marx romántico cuando, influido por las *Cartas sobre la educación estética del hombre*, de Schiller, proyectó en el comunismo un mundo donde el «trabajo» *desalienado* se convirtiera en un «juego». La gracia de un juego —pensemos, por ejemplo, en el ajedrez— es que es tan libre como necesario, tiene leyes, pero también ofrece un margen de maniobra, y es tan sensible como conceptual. Pero esta es simplemente

9. Citado en: Giorgio Agamben, *El reino y la gloria. Una genealogía teológica de la economía y del gobierno*, traducción de Flavia Costa, Edgardo Castro y Mercedes Ruvituso, Adriana Hidalgo, Buenos Aires, 2019, pág. 438.

la opinión personal de este humilde epiloguista, y cada lector tendrá que encontrar la suya. Y seguramente, a esta pequeña carencia de una solución final, cerrada y definitiva (que le corresponde a cada lector llenar con el gesto que quiera), Aguiló podría responder del mismo modo que Levinas, cuando unos jóvenes le preguntaron, durante una entrevista a propósito de la publicación de *Totalidad e infinito*, cómo era posible que no hubiese anticipado la crítica que después le haría Derrida: «es mi primer libro», contestó.

Adrià Porta Caballé
Barcelona, 6 de noviembre de 2025

Bibliografía

Adorno, Theodor y Horkheimer, Max (2020). *Dialéctica de la ilustración*, Akal, Madrid.

Alemán, Jorge (2019). *Capitalismo: crimen perfecto o emancipación*, NED, Barcelona.

Avanessian, Armen, y Reis, Mauro (ed.) (2017). *Aceleracionismo. Estrategias para una transición hacia el postcapitalismo*, Caja Negra, Buenos Aires.

Balestrini, Nanni (2013). *Vogliamo tutto*, Deriveapprodi, Milán.

Benjamin, Walter (2018). *Iluminaciones*, Taurus, Madrid.

«Bifo» Berardi, Franco (2024). *Desertemos*, Prometeo, Madrid.

Cano, Germán (2023). *Mark Fisher: los espectros del tardocapitalismo*, Gedisa, Barcelona.

Comité Invisible (2019). *Ahora*, Pepitas de calabaza, La Rioja.

Danowski, Déborah y Viveiros de Castro, Eduardo (2019). *¿Hay un mundo por venir? Ensayo sobre los medios y los fines*, Caja Negra, Buenos Aires.

De la Boétie, Étienne (2001). *La servitud voluntària*, Quaderns Crema, Barcelona.

Deleuze, Gilles (2014). *Conversaciones (1972-1990)*, Pre-Textos, Valencia.

— (2005). *La isla desierta y otros textos. Textos y entrevistas (1953-1974)*, Pre-Textos, Valencia.

Deleuze, Gilles y Guattari, Félix (2019). *El anti-Edipo. Capitalismo y esquizofrenia*, Paidós, Barcelona.

— (2015). *Mil mesetas. Capitalismo y esquizofrenia*, Pre-Textos, Valencia.

— (2013). *¿Qué es la filosofía?*, Anagrama, Barcelona.

— (1978). *Kafka. Por una literatura menor*, Ediciones Era, México D. F.

Evaristo Valls Boix, Juan (2022). *Metafísica de la pereza*, NED, Barcelona.

Fernández-Savater, Amador (2024). *Capitalismo libidinal. Antropología neoliberal, políticas del deseo, derechización del malestar*, NED, Barcelona.

Fisher, Mark (2021). *K-Punk - Volumen 3. Escritos reunidos e inéditos (reflexiones, «Comunismo ácido» y entrevistas)*, Caja Negra, Buenos Aires.

— (2018). *Realismo capitalista. ¿No hay alternativa?*, Caja Negra, Buenos Aires.

— (2018). *Los fantasmas de mi vida. Escritos sobre depresión, hauntología y futuros perdidos*, Caja Negra, Buenos Aires.

Foucault, Michel (2023). *Vigilar y castigar. Nacimiento de la prisión*, Siglo XXI, México D.F.

— (2009). *Nacimiento de la biopolítica. Curso del Collège de France (1978-1979)*, Akal, Madrid.

Freud, Sigmund (2019). *La interpretación de los sueños* (vol. 1), Amorrortu Editores, Buenos Aires.

Gómez Villar, Antonio (2022). *Los olvidados. Ficción de un proletariado reaccionario*, Bellaterra, Barcelona.

Gould, Carol C. (1983). *Ontología social de Marx. Individualidad y comunidad en la teoría marxista de la realidad social*, FCE, México D.F.

Guardiola, Ingrid (2025). *La servitud dels protocols*, Arcàdia, Barcelona.

Illouz, Eva (2012). *Pourquoi l'amour fait mal, l'expérience amoureuse dans la modernité*, Éditions du Seuil, París.

Kafka, Franz (2023). *La transformación y otros relatos*, Cátedra, Madrid.

Lazzarato, Maurizio (2013). *La fábrica del hombre endeudado. Ensayo sobre la condición neoliberal*, Amorrortu Editores, Buenos Aires.

Leguil, Clotilde (2023). *Ceder no es consentir. Un abordaje clínico y político del consentimiento*, NED, Barcelona.

Llevadot, Laura (2025). *Quatre mil dos-cents vint-i-set suïcidis no exemplars*, H&O, Barcelona.

— (2022). *Mi herida existía antes que yo. Feminismo y crítica de la diferencia sexual*, Tusquets, Barcelona.

Lordon, Frédéric (2024). *¿Vivir sin? Vivir sin dinero, vivir sin policía, vivir sin trabajo, vivir sin instituciones*, Verso, Barcelona.

— (2015). *Capitalismo, deseo y servidumbre. Marx y Spinoza*, Tinta Limón, Buenos Aires.

Marx, Karl (2017). *El capital. Crítica a la economía política* (vol. 1), Siglo XXI, México D.F.

Marx, Karl y Engels, Friedrich (2014). *La ideología alemana*, Akal, Madrid.

Melville, Herman (2007). *Bartleby, el escribiente*, Nórdica, Madrid.

Negri, Toni (2024). *Dall'operaio massa all'operaio sociale*, Ombre corte, Verona.

Nietzsche, Friedrich (2024). *De la genealogía de la moral*, Tecnos, Madrid.

Pasolini, Pier Paolo (2022). *Escritos corsarios*, Galaxia Gutenberg, Barcelona.

Perec, Georges (1992). *Las cosas*, Anagrama, Barcelona.

Platón (1988). *Diálogos III*, Gredos, Madrid.

Porta Caballé, Adrià (2023). «¡Fuck, tienes panza!: Llados o por qué vivimos en una Sociedad estoica imperial», *Catalunyaplural*: https://catalunyaplural.cat/es/fuck-tienes-panza-llados-o-por-que-vivimos-en-una-epoca-estoica-imperial/

Preciado, Paul B. (2020). *Yo soy el monstruo que os habla. Informe para una academia de psicoanalistas*, Anagrama, Barcelona.

Ramas, Clara (2024). *El tiempo perdido. Contra la Edad Dorada. Una crítica del fantasma de la melancolía en política y filosofía*, Arpa, Barcelona.

Reich, Wilhelm (2020). *Psicología de masas del fascismo*, Enclave, Madrid.

Reynolds, Simon (2024). *Retromanía, la adicción del pop a su propio pasado*, Caja Negra, Buenos Aires.

Roggero, Gigi (2019). *L'operaismo politico italiano, genealogia, storia, metodo*, Deriveapprodi, Milán.

Rosa, Hartmut (2016). *Alienación y aceleración. Hacia una teoría crítica de la temporalidad en la modernidad tardía*, Katz, Buenos Aires.

Sadin, Éric (2018). *La silicolonización del mundo. La irresistible expansión del liberalismo digital*, Caja Negra, Buenos Aires.

Sacks, Oliver (2021). *Despertares*, Anagrama, Barcelona.

Serra, Clara (2024). *El sentido de consentir*, Anagrama, Barcelona.

Spinoza, Baruch (2007). *Ética demostrada según el orden geométrico*, Tecnos, Madrid.

Stoker, Bram (2017). *Drácula*, Austral, Barcelona.

Tanner, Grafton (2022). *Las horas han perdido su reloj. Políticas de la nostalgia*, Alpha Decay, Barcelona.

Tomasi di Lampedusa, Giuseppe (2013). *Il Gatopardo*, Feltrinelli, Milán.

Tronti, Mario (2013). *Operai e capitale*, Deriveapprodi, Roma.

— (2009). *Noi operaisti*, Deriveapprodi, Roma.

Vian, Boris (1987). *El lobo hombre*, Tusquets, Barcelona.

Virno, Paolo (2021). *Sobre la impotencia. La vida en la era de su parálisis frenética*, Traficantes de sueños, Madrid.

— (2003). *Gramática de la multitud. Para un análisis de las formas de vida contemporáneas*, Traficantes de sueños, Madrid.

Walser, Robert (2022). *La passejada*, Flâneur, Barcelona.

Žižek, Slavoj (1992). *El sublime objeto de la ideología*, Siglo XXI, Madrid.